FÜRSTENTUM LIECHTENSTEIN
ERLEBEN – EINE BILDERREISE

FÜRSTENTUM LIECHTENSTEIN

ERLEBEN – EINE BILDERREISE

Herzlichen Dank
Für die Unterstützung und die wertvollen Anregungen beim Entstehen dieses Buches bedanke ich mich ganz herzlich bei folgenden Personen: Erbprinz Alois, Regierungschef Otmar Hasler, Dr. Gerlinde Manz-Christ, Daniela Clavadetscher, Wilfried Hoop, Roland Büchel, Michael Gattenhof, Josef Beck, Mike Lauber und zahlreichen weiteren Personen. Ein besonderer Dank gilt Egon Gstöhl für die textliche Bearbeitung, dem Fotografenteam Roland Korner und Wolfgang Müller sowie den Mitarbeitern der Druckerei Gutenberg AG.

Marco Nescher, Herausgeber

Bibliografische Information der Deutschen Bibliothek
Die Deutsche Bibliothek verzeichnet diese Publikation in der Deutschen Nationalbibliografie; detaillierte bibliografische Daten sind im Internet unter http://dnb.ddb.de abrufbar.

2. Auflage 2006
© 2005 Alpenland Verlag AG, Schaan

Herausgeber: Marco Nescher, Schaan
Text: Egon Gstöhl, promedia, Eschen
Fotografie: Roland Korner und Wolfgang Müller, Close up AG, Triesen
Abbildungen: Seite 19: Landesarchiv; Seite 156: Raiffeisenbank Liechtenstein AG
Gestaltung: Andy Crestani, Gutenberg AG, Schaan
Satz und Litho: Gutenberg AG, Schaan
Schrift: Rotis Sans Serif, Rotis Semi Serif
Druck: Gutenberg AG, Schaan
Papier: Magno Satin 170 g/m² geliefert von Sihl+Eika Papier AG, Thalwil, www.papier.ch
Verlag: Alpenland Verlag AG, Feldkircher Strasse 13, FL-9494 Schaan
Internet: www.alpenlandverlag.li, www.buchzentrum.li

ISBN 3-905437-08-2

Inhaltsverzeichnis

7	**Vorwort von Erbprinz Alois von und zu Liechtenstein**
10	**Einleitung**
	Liechtenstein – Relativität der Kleinheit – Souveränität
16	**Fürstenhaus**
	Fürstenfamilie – Kontinuität – Erbprinz Alois – Fürstliches Haus – Schloss Vaduz
32	**Liechtenstein Museum in Wien**
	Weltruhm – Glanzlichter
38	**Politik**
	Integration – Landespolitik – Demokratie – Selbstbestimmung – Medien – Wissen
50	**Industrie**
	Unternehmertum – Diversifizierung – Wissensvorsprung – Internationalität – Schweizorientiert – Wirtschaftsabkommen – Wertschöpfung – Standortpolitik – Marken
72	**Gewerbe**
	Kleinbetriebe – Lehrlingsausbildung
76	**Finanzplatz**
	Knotenpunkte – Finanzplatz – Bankkundengeheimnis
82	**Landwirtschaft**
	Milchproduktion – Bioprodukte
88	**Kulinarisches**
	Weinbau – Haute Cuisine – Spezialitäten – Szene
96	**Kunst, Kultur und Geschichte**
	Kulturland – Künstler – Kunstmuseum – Landesmuseum – Briefmarken
108	**Freizeit und Tourismus**
	Lebensqualität – Bewegung – Familienparadies
118	**Dörfer**
	Rheinkultur – Historische Bauten – Architektur – Geografie – Traditionen – Gemeindeautonomie – Gotteshäuser – Mäzenatentum – Stimmungen
150	**Nachbarschaft**
	Werdenberg – Feldkirch – Maienfeld
156	**Panoramakarte Liechtenstein**
158	**Quellenverzeichnis**
159	**Daten zur Geschichte Liechtensteins**
160	**Adressen und Internetseiten**

Eine Vision für Liechtenstein

«Liechtenstein erleben» ist das Anliegen dieses Bildbands. Er enthält Momentaufnahmen unseres wunderbaren Landes, skizziert den modernen Kleinstaat – seine politische, wirtschaftliche, kulturelle und landschaftliche Vielfalt in einer sich verändernden Welt. Liechtenstein nimmt im internationalen Wettbewerb der Standorte eine gute Position ein. Positive Wirtschaftsdaten, eine aktive Integrationspolitik und das stabile politische Gefüge begünstigen unsere Ausgangslage. Dennoch wird deutlich, dass nach einer lange anhaltenden Boomphase die Fortsetzung in eine erfolgreiche Zukunft mutiger Reformen bedarf. Das Konzept des Staates muss sich auf seine Kernaufgaben konzentrieren, subsidiär und mit transparenten Strukturen. Die Handlungsfelder erstrecken sich auch auf unser Finanz- und Steuersystem, auf die Verwaltung und den Bildungsbereich. Die Weiterentwicklung dieser wichtigen Bereiche stärkt den Wirtschaftsstandort. Zur Bewältigung der grossen Herausforderungen unserer Zeit, einer alternden Gesellschaft und der zunehmend unter Druck geratenen öffentlichen Haushalte, müssen wir aber nicht nur richtig, sondern auch rechtzeitig handeln. Die international anerkannten Reformen unseres Finanzplatzes haben uns gezeigt, welche Bedeutung dem Faktor Zeit zukommt.

Die Kontinuität in der Monarchie und die Unabhängigkeit des Monarchen erlauben es, die grossen politischen Linien stärker im Auge zu behalten. Dieses monarchische Element in der direkten Demokratie Liechtensteins ist die moderne Ausgestaltung der Erbmonarchie auf demokratischer und parlamentarischer Grundlage. Das Gemeinsame, wie es unsere duale Verfassung vorgibt, ergänzt sich gegenseitig und macht uns stark. Denn Kleinheit kann durchaus ein Vorteil sein, wenn die Chancen richtig genutzt werden. Liechtenstein hat das immer gut verstanden, weil es auf etwas unermesslich Wertvolles bauen konnte. Auf befreundete Staaten und verlässliche Partner, wie dies in den besonders engen Beziehungen zu unseren Nachbarn Schweiz und Österreich zum Ausdruck kommt. Möge dieses Buch dazu beitragen, dass Liechtenstein neue Freunde gewinnt und als kooperativer und solidarischer Kleinstaat in der internationalen Gemeinschaft wahrgenommen wird.

**Erbprinz Alois
von und zu Liechtenstein**

Der Ausblick von der Anhöhe des Eschnerbergs auf die Gemeinde Eschen-Nendeln im Liechtensteiner Unterland offenbart den ländlichen Charakter der malerischen Landschaft. Im Hintergrund ist links das Dorf Nendeln und oberhalb davon die am Fusse des Drei-Schwestern-Massivs gelegene Berggemeinde Planken erkennbar.

Liechtenstein – Kleinstaat und Monarchie mit europäischem Flair

Der Rhein als natürliche Grenze zwischen zwei befreundeten Staaten. Mit der Schweiz verbindet Liechtenstein weit mehr als nur der gemeinsame Wirtschafts- und Währungsraum.

Das gastfreundliche Land ist ein Begriff für Kunstliebhaber aus nah und fern.

Das Fürstentum Liechtenstein ist mit einer Ausdehnung von 160 Quadratkilometern das viertkleinste Land in Europa. Ein erstaunliches Land, das mit 35 000 Menschen Staat macht. Politisch einzigartig vereinigt es stark ausgebaute Volksrechte der direkten Demokratie mit den Besonderheiten der monarchischen Staatsform. Die aussenpolitische Kontinuität und Berechenbarkeit haben dem souveränen und weltoffenen Kleinstaat internationale Anerkennung gebracht. Das Fürstentum engagiert sich in der Staatengemeinschaft für ein tolerantes Miteinander und das Selbstbestimmungsrecht der Völker. Denn gerade der kleine Staat braucht den Austausch und Impulse von aussen, damit er seine natürlichen Grenzen überwinden und seine Chancen nutzen kann. Schon vor langem haben findige Köpfe in Liechtenstein erkannt, dass Grenzen nicht nur trennen, sondern auch verbinden. Der grosse wirtschaftliche Aufschwung des Landes ist nicht zuletzt eine Folge dieser Öffnung und der engen Zusammenarbeit mit den angrenzenden Ländern. Eine Sonderstellung nimmt dabei das freundnachbarliche Verhältnis mit der Schweiz ein, mit der Liechtenstein eine Zoll- und Währungsunion bildet.

Symbol für das politische Liechtenstein: Das in den Landesfarben beflaggte Regierungsgebäude in Vaduz ist Amtssitz der fünfköpfigen Regierung und Tagungsort des Landtages.

Relativität der Kleinheit – Wissen überwindet Grenzen

Blick von der Schweizer Seite des Rheintals auf das Fürstentum Liechtenstein.

An der Grenze zum EU-Land Österreich verrichten Schweizer Zollbeamte ihren Dienst.

Liechtenstein ist überschaubar. Es gibt sogar Leistungssportler, die seine Aussengrenzen in einem Tag zu Fuss bewältigen. Aber diese geografische Kleinheit ist relativ. Liechtenstein gehört immer dann zu den ganz Grossen, wenn Ländervergleiche pro Kopf der Bevölkerung angestellt werden. Ein kluges Zusammenwirken von Politik und Wirtschaft, die Nutzung von Standortvorteilen und ein intensiver Wissenstransfer haben Liechtenstein zu einem Industrie- und Dienstleistungsland gemacht. Seine erstklassigen Wirtschafts- und Finanzdaten widerspiegeln die starke Internationalisierung. Kooperationen mit den angrenzenden Ländern bilden ein wichtiges Fundament des Wirtschaftsstandorts.

Sieben Rheinbrücken verbinden Liechtenstein mit der Schweiz. Die offene Grenze verkörpert die Partnerschaft der beiden Länder, die in vielen Bereichen eng zusammenarbeiten.

Souveränität – elf Gemeinden bilden einen eigenen Staat

Grosses Staatswappen

Gamprin

Schellenberg

Planken

Eschen

Ruggell

Mauren

Schaan

Triesenberg

Vaduz

Balzers

Triesen

Die Grundwerte der Verfassung prägen die Eigenstaatlichkeit des Landes. 1806 erhielt Liechtenstein durch die Aufnahme in den Rheinbund die Souveränität. Der Bankenplatz gilt als Inbegriff von Stabilität und Vertrauen. Liechtenstein ist aber auch ein Land der Kultur und der Kunst, ein landschaftliches Juwel. Viele der gängigen Bilder, die das Image des Landes in der Welt ausmachen, greifen zu kurz. Sie zeigen nur einzelne Bestandteile dieser faszinierenden Mischung von Naturparadies und Wirtschaftsstandort, von ländlichem Charakter und städtischen Angeboten, von Monarchie und direkter Demokratie mit einem hohen Grad an politischer Selbstbestimmung der elf Gemeinden. Die Vielfalt im Kleinen und der Charme des Individuellen sind wichtige Wesenszüge Liechtensteins.

Die Wappen der elf liechtensteinischen Gemeinden (oben) und das Grosse Staatswappen an der Fassade des Regierungsgebäudes repräsentieren die politischen Hoheiten.

Die Silhouette von Schloss Vaduz, das 1322 erstmals erwähnt wurde, erinnert an die wechselvolle Geschichte der vormaligen Grafschaft Vaduz, die 1712 an das Fürstenhaus Liechtenstein überging.

Liechtenstein – die Fürsten und das Land am jungen Rhein

Zeuge einer wechselvollen Geschichte: Kanone beim Eingang zum Innenhof von Schloss Vaduz.

Das Wappen des regierenden Fürstenhauses mit dem Herzschild in den Farben Gold und Rot.

Der Name Liechtenstein ist eng mit der europäischen Politik und Geschichte verbunden. Das Haus zählt zu den ältesten Adelsfamilien. Um 1136 wird mit Hugo von Liechtenstein erstmals ein Träger dieses Namens erwähnt. Karl von Liechtenstein erhielt 1608 als erstes Mitglied der Familie die erbliche Fürstenwürde. Er schloss mit seinen Brüdern Maximilian und Gundaker 1606 einen Familienvertrag, der dem jeweils Erstgeborenen der ältesten Linie Anrecht auf die erblichen Titel zuerkannte. Dieser Vertrag sowie weitere Bestimmungen wurden 1993 im neuen Hausgesetz zusammengefasst, das die Grundlage für das in Liechtenstein gültige Thronfolgerecht bildet.

Seit der Erlangung der Reichsfürstenwürde war es das Bestreben des Hauses Liechtenstein, ein reichsunmittelbares Territorium zu erwerben. Doch erst dem Enkel Karls, Fürst Johann Adam Andreas, bot sich schliesslich die Gelegenheit, 1699 die Herrschaft Schellenberg und 1712 die Grafschaft Vaduz zu kaufen. Mit kaiserlichem Diplom vom 23. Januar 1719 wurden diese Gebiete vereinigt und von Kaiser Karl VI. zum Reichsfürstentum Liechtenstein erhoben. Bis 1938 lebten die Fürsten von Liechtenstein in Wien und Mähren. Sie hatten wichtige Funktionen in Militär und Diplomatie der Habsburger Monarchie inne und verwalteten ihren umfangreichen Besitz in Niederösterreich, Böhmen, Schlesien und Mähren. Sein geschicktes politisches Handeln brachte dem Haus, das auch der Kunst und Wissenschaft zugetan war, hohes Ansehen ein. Die Dynastie verstand es immer wieder, Tradition und Anforderungen einer veränderten Zeit miteinander zu verbinden. Vielleicht ist gerade das die grosse Stärke der Monarchie in Liechtenstein, das seit 1719 offiziell den Namen der Fürstlichen Familie trägt. Mitte des 19. Jahrhunderts erhielt Liechtenstein sein erstes konstitutionelles Verfassungsgesetz, das 1862 und 1921 mit stärkeren Volksrechten ausgestattet wurde und zur heutigen Form der «konstitutionellen Erbmonarchie auf demokratischer und parlamentarischer Grundlage» führte. Auch bei der jüngsten Verfassungsreform von 2003 stand die Definition der politischen Ausgewogenheit im Zusammenwirken der beiden Souveräne Fürst und Volk im Vordergrund.

Fürst Johann Adam Andreas von Liechtenstein legte mit dem Kauf der beiden Landesteile den Grundstein für die Entstehung des Kleinstaates.

Die Liechtenstein – erste Familie in der Erbmonarchie

Das Erbprinzenpaar verkörpert die Zukunft der Monarchie in Liechtenstein: Erbprinz Alois und Erbprinzessin Sophie.

Das Fürstenpaar im Kreise seiner Enkelkinder – (v.l.) Prinzessin Marie Caroline, Prinz Nikolaus, Prinz Georg und Prinz Joseph Wenzel.

Der Fürst ist der Regierer des Fürstlichen Hauses und wacht gemäss dem Hausgesetz über «Ansehen, Ehre und Wohlfahrt» der Familie, die über hundert Mitglieder zählt. Nach dem Tod von Fürst Franz Josef II. am 13. November 1989 übernahm Fürst Hans-Adam II. die Regentschaft als 13. Fürst seit der Erhebung zum unmittelbaren Reichsfürstentum Liechtenstein im Jahr 1719. Am 15. August 2004 hat Erbprinz Alois zur Vorbereitung auf die Thronfolge die Aufgaben des Staatsoberhauptes als Stellvertreter des Landesfürsten übernommen: «Es geht mir um die grossen Linien und politischen Grundsatzfragen, für die ich mich als unabhängiges Staatsoberhaupt zum Wohl aller Bürger einsetze. Ich möchte die Kontinuität zur Arbeit meines Vaters sicherstellen. Allerdings stehen wir heute teilweise vor anderen Herausforderungen», blickt der Erbprinz in die Zukunft.

Schloss Vaduz ist das Wahrzeichen Liechtensteins und Symbol für die Monarchie. Seit 1938 dient es der Fürstlichen Familie als Wohnsitz.

Kontinuität – Auftrag und Verpflichtung über Generationen

Fürst Hans-Adam II. und Fürstin Marie von und zu Liechtenstein. Drei Generationen – Fürst, Erbprinz und Prinz Joseph Wenzel.

Als ältester Sohn des Landesfürsten ist der Erbprinz nach dem Hausgesetz zur Thronfolge bestimmt. Deshalb wurde er schon seit seiner frühen Jugend auf sein künftiges Amt als Staatsoberhaupt vorbereitet, das er auf Grund seiner Stellvertreterfunktion seit 2004 ausübt. Nach der Matura am Liechtensteinischen Gymnasium trat er in die königliche Militärakademie in Sandhurst (Grossbritannien) ein, wo er eine Offiziersausbildung zum Second Lieutenant absolvierte. Während eines halben Jahres diente er bei den Coldstream Guards in Hong Kong und London. Es folgten das Studium der Rechtswissenschaften an der Universität Salzburg, das er 1993 abschloss, eine mehrjährige Tätigkeit bei einem Wirtschaftsprüfungsunternehmen in London und verschiedene Funktionen in der Verwaltung des fürstlichen Vermögens. Am 3. Juli 1993 vermählte sich Erbprinz Alois von und zu Liechtenstein mit Herzogin Sophie in Bayern. Am 24. Mai 1995 erblickte der erstgeborene Sohn der Erbprinzenfamilie und Thronfolger, Prinz Joseph Wenzel, das Licht der Welt. Seine Geschwister sind die am 17. Oktober 1996 geborene Prinzessin Marie Caroline, Prinz Georg, geboren am 20. April 1999, und der am 6. Dezember 2000 geborene Prinz Nikolaus. Fürstenfamilie und Erbprinzenfamilie verkörpern drei Generationen der zeitgemäss ausgestalteten Erbmonarchie in Liechtenstein, die als Verbindung zwischen Tradition und Zukunft dem Kleinstaat Konstanz und staatspolitische Stabilität gibt.

Die Erbprinzenfamilie: (v.l.) Prinz Georg, Erbprinz Alois, Prinzessin Marie Caroline, Erbprinzessin Sophie, Prinz Joseph Wenzel und Prinz Nikolaus.

Erbprinz Alois – der Stellvertreter auf dem Weg zur Thronfolge

Feldmesse auf der Schlosswiese am Staatsfeiertag, dem 15. August.

Einzug der Fürstenfamilie.

Offizielle Ansprache des Erbprinzen.

Volksverbunden und beliebt: Die Mitglieder des Fürstenhauses geniessen hohes Ansehen.

Der Erbprinz steht für die junge Generation, ist exzellent ausgebildet, sich der Tradition des Hauses und seiner Werte bewusst. Und dennoch ist er sehr offen für Neues und weiss durch seine Auslanderfahrungen zu differenzieren. Sein ganzheitliches Weltbild, ein Schuss Pragmatismus und diese Mischung von aristokratischer Zurückhaltung und einem gewinnenden Selbstbewusstsein machen seine sympathische Art aus. «Ein moderner Monarch in einer politisch aktiven Monarchie wie hier in Liechtenstein sollte sich die Zeit nehmen, gründlich über die langfristigen Herausforderungen an den Staat nachzudenken, und dann zur richtigen Zeit klare Worte über notwendige Reformen sprechen.» Dieses politische Credo des Erbprinzen bedingt nicht nur analytische und strategische Fähigkeiten, sondern vor allem eine unabhängige Meinung. «Diese Unabhängigkeit gegenüber anderen staatlichen Institutionen ist notwendig, damit das Staatsoberhaupt auch einmal gegen eine ‹Diktatur› der Mehrheit zum Wohl einer Minderheit korrigierend eingreifen kann.»

Ein Höhepunkt am liechtensteinischen Staatsfeiertag ist das fulminante Feuerwerk, das in den Gärten des Schlosses abgebrannt wird.

Fürstliches Haus – die Monarchie in der direkten Demokratie

Die direkte Demokratie in Liechtenstein und der hohe Grad an Selbstbestimmung in den Gemeinden sind für den Erbprinzen hohe Werte. Bereits in seiner ersten offiziellen Rede als Stellvertreter des Landesfürsten hat er sich für eine verstärkte Gemeindeautonomie ausgesprochen. «Die besten Entscheide werden gefällt, wenn sie so nah wie möglich beim Bürger getroffen werden. Das Staatsverständnis meiner Familie hat sich auf das Wesentliche konzentriert, indem wir beispielsweise immer eine liberale Wirtschaftspolitik befürwortet haben, die sich auf eine gute Ausbildung und das Setzen günstiger Rahmenbedingungen beschränkt. Wir haben uns auch stark für die Internationalisierung Liechtensteins eingesetzt, die schliesslich zum UNO- und EWR-Beitritt führte.»

Herzlicher Empfang des österreichischen Bundespräsidenten Fischer durch Erbprinzessin Sophie. Auszeichnung des hohen Gastes mit dem Fürstlich Liechtensteinischen Verdienstorden.

Offizielle Besuche ausländischer Staatsgäste führen nach Schloss Vaduz.

Idyllischer Brunnen im Schlosshof, einem bauhistorischen Schmuckstück, das die Besucher gleich in seinen Bann zieht.

Der Innenhof von Schloss Vaduz mit seinen lieblichen Winkeln und den schönen Fassaden strahlt Ruhe und Harmonie aus.

Schloss Vaduz – Wahrzeichen und Sitz der Fürstenfamilie

Kunstwerke aus den Sammlungen schmücken den Lebensbereich der Fürstenfamilie.

Die Bibliothek gehört, wie die auf der folgenden Doppelseite abgebildete Treppenhalle, zu den schönsten Räumen des Schlosses und wird für Empfänge genutzt.

Schloss Vaduz, das 1322 erstmals urkundlich erwähnt wurde, erzählt eine wechselvolle Geschichte von den früheren Landesherren, den Grafen von Werdenberg zu Vaduz, den Freiherren von Brandis aus dem Emmental, den Grafen von Sulz aus dem badischen Klettgau und den Grafen von Hohenems aus Vorarlberg. Das historische Gebäude legt aber auch Zeugnis ab von unterschiedlichen Nutzungen nach dem Übergang an die damals in Wien residierenden Fürsten von Liechtenstein im Jahr 1712. Bevor es 1938 zur Residenz des damaligen Landesfürsten Franz Josef II. wurde, dienten Teile des Schlosses vorher als Verwaltungsgebäude, Kaserne und Gastwirtschaft. Heute ist das stilgerecht restaurierte Schloss mit repräsentativen und bezaubernden Innenhöfen und Wohnräumen sowohl Wohnsitz der Fürsten- und Erbprinzenfamilie als auch offizieller Amtssitz des liechtensteinischen Staatsoberhaupts. Staatsgäste, die das Land und die politischen Entscheidungsträger besuchen, werden als Höhepunkt ihres Aufenthalts auf Schloss Vaduz empfangen. Das Schloss ist Inbegriff der liechtensteinischen Staatsform, ein Wahrzeichen Liechtensteins, das am ansteigenden Berghang über Vaduz schon von weitem wahrgenommen wird. Als Sinnbild der Monarchie symbolisiert es Kontinuität über die Generationen.

Das Zusammenwirken von mittelalterlichem Bauwerk und heutigem Lebens- und Wohnkomfort ergibt den besonderen Reiz von Schloss Vaduz.

Weltruhm – Kunstschätze in Vaduz und Wien

Das Liechtenstein Museum ist seit der Eröffnung 2004 ein Magnet in der Wiener Kulturlandschaft.

Die Liechtenstein verbindet seit Generationen ihre Liebe zur Kunst. Ein Teil der einzigartigen Kunstschätze des Fürstenhauses Liechtenstein ist von Vaduz nach Wien zurückgekehrt. An jenen Ort in der europäischen Kulturhauptstadt, der das historische Ambiente der fürstlichen Familie und die jahrhundertealte Tradition des Fürstenhauses als Kunstsammler und Mäzene in höchster Vollkommenheit miteinander verbindet – das Gartenpalais in der Wiener Rossau.

Errichtet wurde das heute als Museum genutzte Gartenpalais in der Wiener Rossau unter Fürst Johann Adam Andreas I. von Liechtenstein (1657–1712).

Demokratie – Landtagswahl und Volksentscheide

Die Landtagsabgeordneten vor dem in den blau-roten Landesfarben und den gold-roten Fürstenfarben beflaggten Regierungsgebäude. In der Mandatsperiode 2005–2009 hält die FBP zwölf, die VU zehn und die FL drei der fünfundzwanzig Landtagssitze.

Die beiden historisch gewachsenen Landschaften Liechtensteins bilden zwei Wahlkreise. Von den fünfundzwanzig Landtagsabgeordneten werden fünfzehn im Oberland, der ehemaligen Grafschaft Vaduz, und zehn im Unterland, der vormaligen Herrschaft Schellenberg, gewählt. In der Kollegialregierung bilden die beiden wertekonservativen, sozialliberalen Volksparteien FBP und VU eine grosse Koalition, während die Freie Liste als Oppositionspartei nur im Parlament vertreten ist. Die Liechtensteinerinnen und Liechtensteiner werden in wichtigen Sachfragen um ihre Meinung gefragt – wenn der Landtag eine Volksabstimmung beschliesst oder wenn politisch engagierte Bürgerinnen und Bürger vom Initiativ- und Referendumsrecht Gebrauch machen.

Der Liechtensteinische Landtag berät als «Arbeitsparlament» die Gesetzesvorlagen in der Regel im Plenum.

Selbstbestimmung – Eigenstaatlichkeit mit begrenzten Ressourcen

Liechtenstein löst trotz der Kleinheit des Landes seine Staatsaufgaben selber. Auf wichtigen Gebieten wie dem Bildungs- und Gesundheitswesen bestehen jedoch Zusammenarbeitsverträge mit der Schweiz und mit Österreich.

Bürogebäude der Liechtensteinischen Landesverwaltung in Vaduz.

Böse Zungen behaupten, Liechtenstein bestehe nur aus Grenzen. Gemeint ist die Besonderheit, dass sich fast von jedem erhöhten Standort aus der Blick in die Nachbarschaft eröffnet. Angesprochen sind damit aber auch die beschränkten Ressourcen. Darin zeigt sich eine Grundproblematik des kleinen Staats, der im Wesentlichen die gleichen Aufgaben zu lösen hat wie der grosse – nur mit weniger Menschen. Diese Herausforderung meistert Liechtenstein mit viel Pragmatismus und Kooperationen auf Regierungs- und Verwaltungsebene. Durch die zunehmende Internationalisierung wird die vergleichsweise kleine und effiziente Administration stark gefordert. Sie setzt in knapp 50 Amtsstellen die Gesetze und Verordnungen des Rechtsstaates und die eingegangenen Verpflichtungen aus internationalen Abkommen um. Für die Erfüllung dieser Aufgaben stehen dem Staat Budgetmittel von jährlich 900 Millionen Franken zur Verfügung.

Der zunehmende Individualverkehr ist eine grosse Herausforderung für Liechtenstein.

Die limefarbenen Busse der Liechtenstein Bus Anstalt besorgen den öffentlichen Verkehr.

Medien – die «vierte Gewalt» im Staat als Meinungsmacher

Liechtensteinische Presseerzeugnisse: Liechtensteiner Vaterland, Liechtensteiner Volksblatt und die Wochenzeitung LIEWO.

In Liechtenstein entsteht jedes Jahr eine grosse Vielfalt an Publikationen.

Die Meinungsbildung geschieht in Liechtenstein wie in anderen westlichen Demokratien über die Parteien und Interessengruppen. Eine Besonderheit ist das Engagement und die Intensität, mit der politische Auseinandersetzungen ausgetragen werden. Das hängt mit der Nähe zum Staat und zu seinen Repräsentanten zusammen, weil man sich in den kleinen Verhältnissen mit rund 20000 Stimmberechtigten vielfach noch persönlich kennt. Beim Austausch der Argumente und Standpunkte spielen die Medien eine wichtige Rolle. In Liechtenstein erscheinen zwei Tageszeitungen, die über das Landesgeschehen informieren und politische Themen aufgreifen. Beide Zeitungen stehen in einem Naheverhältnis zu einer der zwei grossen Parteien, der Vaterländischen Union und der Fortschrittlichen Bürgerpartei. Als Forum der dritten liechtensteinischen Partei, der Freien Liste, erscheint vierteljährlich die «FL-Info». Das einzige unabhängige und tagesaktuelle Medium des Landes ist Radio Liechtenstein, das als Stimme Liechtensteins auch in der Region empfangen wird. Die Entscheidungsprozesse sind in der Verfassung vorgegeben und kommen in der Definition der liechtensteinischen Staatsform als «konstitutionelle Erbmonarchie auf demokratischer und parlamentarischer Grundlage» zum Ausdruck. Das dualistisch ausgelegte Grundgesetz gibt die Leitlinien für das Zusammenwirken der beiden Souveräne Fürst und Volk vor. Auf Landesebene bestimmen die politischen Instanzen Fürst, Landtag und Regierung sowie direktdemokratische Entscheidungen der Bevölkerung den politischen Kurs. Die Gemeinden entscheiden in ihrem eigenen Wirkungskreis weitgehend autonom.

Das Programm des Landessenders Radio Liechtenstein wird in der ganzen Region vom Bodensee bis zum Walensee empfangen.

Wissen – Bildung als strategische Erfolgsposition des Staates

Die Studierenden an der Hochschule Liechtenstein erhalten eine Ausbildung auf hohem Niveau und begehrte Diplome.

Wissenschaftliches Arbeiten auf dem Campus der Hochschule in den Studienrichtungen Architektur und Wirtschaftswissenschaften.

Wissen und die Anwendung von Wissen sind der Schlüssel zum wirtschaftlichen Erfolg von morgen. In der liechtensteinischen Wirtschafts- und Bildungspolitik sind ein hohes Ausbildungsniveau, die stetige Verbesserung und Anpassung des Bildungssystems sowie der Wissenstransfer zwischen Schule und Wirtschaft verinnerlicht. Liechtenstein, das kaum über Ressourcen verfügt, kann sich nur durch ein kluges Management von Wissen komparative Vorteile sichern. Entsprechend hoch ist der Stellenwert des Bildungswesens, was sich auch darin zeigt, dass Liechtenstein rund 15 Prozent der Staatsausgaben für diesen Bereich aufwendet. Das durchgängige und gut ausgebaute Schulsystem, Hochschuleinrichtungen und wissenschaftlich tätige Institute sowie eine auf lebenslanges Lernen ausgerichtete Erwachsenenbildung fundieren die gute Qualität der Aus- und Weiterbildung. In der Berufs- und Hochschulausbildung arbeitet Liechtenstein mit der benachbarten Schweiz und mit Österreich zusammen.

Die international anerkannte Hochschule zieht durch das praxisorientierte Studienkonzept viele Studierende aus dem Ausland an.

Glanzlichter – Prunkstücke von atemberaubender Schönheit

Fürst Hans-Adam II. freut sich über den gelungenen Umbau des Palais zu einem Juwel unter den europäischen Kunstmuseen.

Mit der Eröffnung des Liechtenstein Museums hat das kultur- und kunstverwöhnte Wien ein neues Glanzlicht erhalten. Damit wurde eine alte Tradition wieder aufgenommen. Denn das Fürstenhaus hatte das Gartenpalais in der Wiener Rossau bereits 1806 mit Prunkstücken aus den Sammlungen der Öffentlichkeit zugänglich gemacht. 1938 wurde dieses geschlossen. – Die gezeigten Ausschnitte aus den Fürstlichen Sammlungen faszinieren und begeistern Kunstfreunde aus allen Teilen der Erde. Mit ihrer atemberaubenden künstlerischen Qualität und Vielfalt gelten diese Kunstwerke aus vier Jahrhunderten als eine der bedeutendsten und schönsten Privatsammlungen der Welt. Was seit dem 17. Jahrhundert an erlesenen Kostbarkeiten mit grossem Kunstsinn in die Sammlung aufgenommen wurde, präsentiert sich in der Wiener Ausstellung nach der Idee des klassischen Musentempels als Ensemble. Die ursprünglich für die Ausstattung der zahlreichen Schlösser der Fürsten von Liechtenstein erworbenen Kunstobjekte sind in der Ausstellung als Gesamtkunstwerk vereint. Malerei, Skulpturen, Kunstkammerobjekte und Möbel bilden eine effektvolle Einheit, in der sich die Atmosphäre der barocken Sommerresidenz der fürstlichen Familie spiegelt.

Malerei, Skulpturen und Möbel im barocken Gartenpalais sind von unvergleichlicher atmosphärischer Dichte.

Das Museumsgebäude mit seiner Ausstattung und die Sammlungsobjekte präsentieren sich als Gesamtkunstwerk.

Integration – engagierte Zusammenarbeit mit Europa und der Welt

 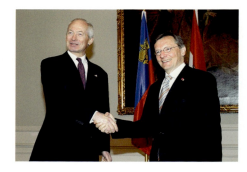 

Botschafterin Claudia Fritsche vertritt Liechtensteins Interessen in Washington. Fürst Hans-Adam II. trifft in Wien mit dem österreichischen Bundeskanzler Wolfgang Schüssel zusammen. Regierungschef Otmar Hasler empfängt den Schweizer Bundesrat Christoph Blocher.

Liechtenstein ist auf dem politischen Parkett Europas präsent.

Der liechtensteinische Botschafter in Berlin, Dr. Josef Wolf.

Liechtenstein engagiert sich aussenpolitisch auf dem Gebiet der Menschenrechte und für die Weiterentwicklung des Völkerrechts, in der Entwicklungszusammenarbeit und der humanitären Hilfe sowie in der Umweltpolitik. Für den kleinen Staat sind der Austausch und das Miteinander lebensnotwendig. Deshalb kooperiert Liechtenstein mit der internationalen Staatengemeinschaft und trägt zur Bewältigung der neuen Herausforderungen wie der Bekämpfung von Geldwäsche und Terrorismusfinanzierung bei. Liechtenstein arbeitet in der Organisation für Sicherheit und Zusammenarbeit in Europa (OSZE) und im Europarat mit. Wirtschaftlich ist das Land in der EFTA, im EWR und in der Welthandelsorganisation WTO integriert. Es vertritt seine Interessen zudem als Vollmitglied bei der UNO und setzt sich dort für das Selbstbestimmungsrecht der Völker, für Toleranz und Solidarität ein.

Europäische Zusammenarbeit als Mitglied der OSZE und des EWR.

Fürst Hans-Adam II. von und zu Liechtenstein und der österreichische Bundespräsident Thomas Klestil anlässlich des offiziellen Besuchs in Wien im Jahr 2004.

Landespolitik – Interessenwahrung und Management der Kleinheit

An den Landtagswahlen entscheiden die Liechtensteinerinnen und Liechtensteiner über die Zusammensetzung des Parlaments. Zur Wahl stellen sich Kandidatinnen und Kandidaten aus allen drei Parteien des Landes.

Koalitionsregierung: (v.l.) Regierungsrat Dr. Martin Meyer (FBP), Regierungsrätin Rita Kieber-Beck (FBP), Regierungschef Otmar Hasler (FBP), Regierungschef-Stellvertreter Dr. Klaus Tschütscher (VU), Regierungsrat Hugo Quaderer (VU).

Liechtenstein wählt alle vier Jahre die 25 Abgeordneten des Landtags. Darin sind alle drei liechtensteinischen Parteien vertreten: die Fortschrittliche Bürgerpartei FBP, die Vaterländische Union VU und die Freie Liste FL. Die Legislative wählt die fünf Mitglieder der Regierung, die vom Fürsten ernannt und in ihr Amt eingesetzt werden. Dieses Zusammenwirken von Monarch und Volk prägt das liechtensteinische System. Zu seinen Grundzügen gehört auch das Initiativ- und Referendumsrecht. Schon 1000 Stimmberechtigte oder drei Gemeinden können eine Volksabstimmung verlangen. Überschaubarkeit, direkte Demokratie und Gemeindeautonomie tragen zur Identifikation mit dem Staatswesen bei, das auf die nebenamtliche Mitwirkung der Bürgerinnen und Bürger in öffentlichen Funktionen angewiesen ist.

Erbprinz Alois eröffnet am 14. April 2005 erstmals als Stellvertreter des Landesfürsten den Landtag mit der traditionellen Thronrede.

Children theatre
Markt
Butterfly festival
Str... ...sicians, local
...station

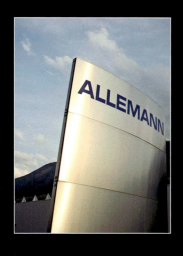

Die hoch industrialisierte Wirtschaft Liechtensteins fügt sich harmonisch ins Landschaftsbild ein, wie dieser spannende Gegensatz von Hightech-Industrie und mittelalterlicher Burg in Balzers zeigt.

Unternehmertum – Hightech, Nischen und Schaffung von Arbeitsplätzen

 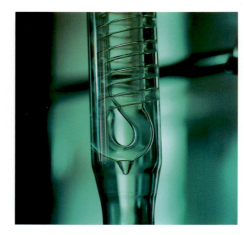 

Die Dünnschicht- und Vakuumtechnologien aus Balzers erschliessen neue Welten bei der Entwicklung der Anwendungen von morgen.

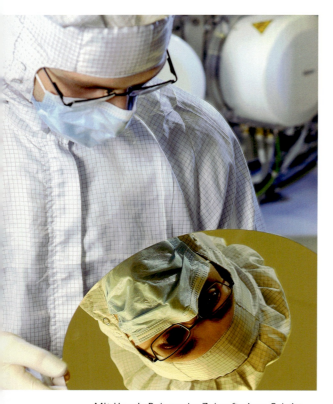

Mit Unaxis Balzers der Zukunft einen Schritt voraus.

In Liechtenstein hat Unternehmertum Tradition. Die liberale Wirtschaftspolitik des Landes schafft ein Klima, das Investitionen und Innovationen fördert. Gute Rahmenbedingungen, der Zugriff auf einen regionalen Pool von hoch qualifizierten Arbeitskräften, die Zoll- und Währungsunion mit der Schweiz und die parallele Zugehörigkeit zum Europäischen Wirtschaftsraum begünstigen die wirtschaftliche Entwicklung. Nischenpolitik, ein hoher Spezialisierungsgrad und enge Kooperationen mit führenden Hochschulen sind Quellen des unternehmerischen Erfolgs. Rechnet man die Auslandniederlassungen der Industriebetriebe mit ein, verfügt Liechtenstein über weit mehr Arbeitsplätze als Einwohner. Das Land exportiert nicht nur Produkte und Dienstleistungen, sondern schafft auch Arbeitsstätten im Ausland.

Unaxis Balzers liefert die Schlüsseltechnologien für Hightech-Produkte wie digitale Datenspeicher, Mikrochips oder Mobiltelefone.

Diversifizierung – Branchen- und Produktevielfalt auf kleinstem Raum

Hilti-Produkte und -Systeme steigern die Produktivität von Bau-Profis weltweit.

Hilti steht für Innovation.

Hilti ist Technologieführer.

Der Industriestandort Liechtenstein hat es in sich. Auf kleinstem Raum, vielfach in Sichtnähe zueinander, entwickeln, produzieren und vertreiben international erfolgreiche Betriebe Markenprodukte, die rund um den Globus von Millionen Menschen nachgefragt werden. Dass diese Produkte und Dienstleistungen ihren Ursprung in Liechtenstein haben, wissen viele nicht. Umso grösser ist das Erstaunen darüber, dass Schlüsseltechnologien für die IT-Branche und die Raumfahrt aus Liechtenstein stammen.

Oder dass Liechtensteiner Unternehmen auf dem Weltmarkt führend sind, wenn es um Bau- und Befestigungstechnik geht, um Nockenwellen für die Automobilindustrie, um Steckersysteme für die Entertainmentindustrie oder um ästhetische Dentalmaterialien für die Zahnheilkunde. Die breite Diversifizierung über Branchen, Unternehmen und Produkte ist verblüffend. Sie reicht von Abfallverbrennungsanlagen und geschliffenem Kristall bis zur Versorgung mit Convenience-Lebensmitteln.

Hilti-Gerätequalität begründet Weltruf.

Hilti bietet weltweit dem Profi am Bau innovative Lösungen mit überlegenem Mehrwert an.
(Bild: Hilti-Konzernzentrale in Schaan)

Wissensvorsprung – Forschung und Entwicklung stehen an erster Stelle

Die Dentalprodukte von Ivoclar Vivadent werden in über 100 Ländern eingesetzt.

Am Hauptsitz in Schaan entwickelt Ivoclar Vivadent Produktsysteme für Zahnärzte und Zahntechniker.

Ivoclar Vivadent – Marktführer bei ästhetischen Dentalmaterialien.

Die Industrie und das Waren produzierende Gewerbe stellen fast die Hälfte der knapp 30000 Arbeitsplätze in Liechtenstein. Dieser Anteil ist hoch im Vergleich zu anderen westlichen Volkswirtschaften, wo etwa 25 bis 30 Prozent der Arbeitnehmer in den Produktionsbranchen tätig sind. Bedingt durch den kleinen Heimmarkt und die fehlende staatliche Wirtschaftsförderung müssen sich die Betriebe aus eigener Kraft auf den internationalen Märkten behaupten. Mit der intensiven Forschungs- und Entwicklungsarbeit legen die liechtensteinischen Industriebetriebe den Grundstein für ihre starke Stellung im weltweiten Wettbewerb. Der Technologietransfer von den Universitäten und Hochschulen spielt dabei eine wichtige Rolle. Die Exportindustrie investiert jährlich rund CHF 300 Mio. in Forschung und Entwicklung, was umgerechnet einem Aufwand von mehr als CHF 8000.– pro Einwohner entspricht.

Ivoclar Vivadent ist ein führender Hersteller von hochwertigen Dentalmaterialien für präventive, restaurative und prothetische Zahnheilkunde.

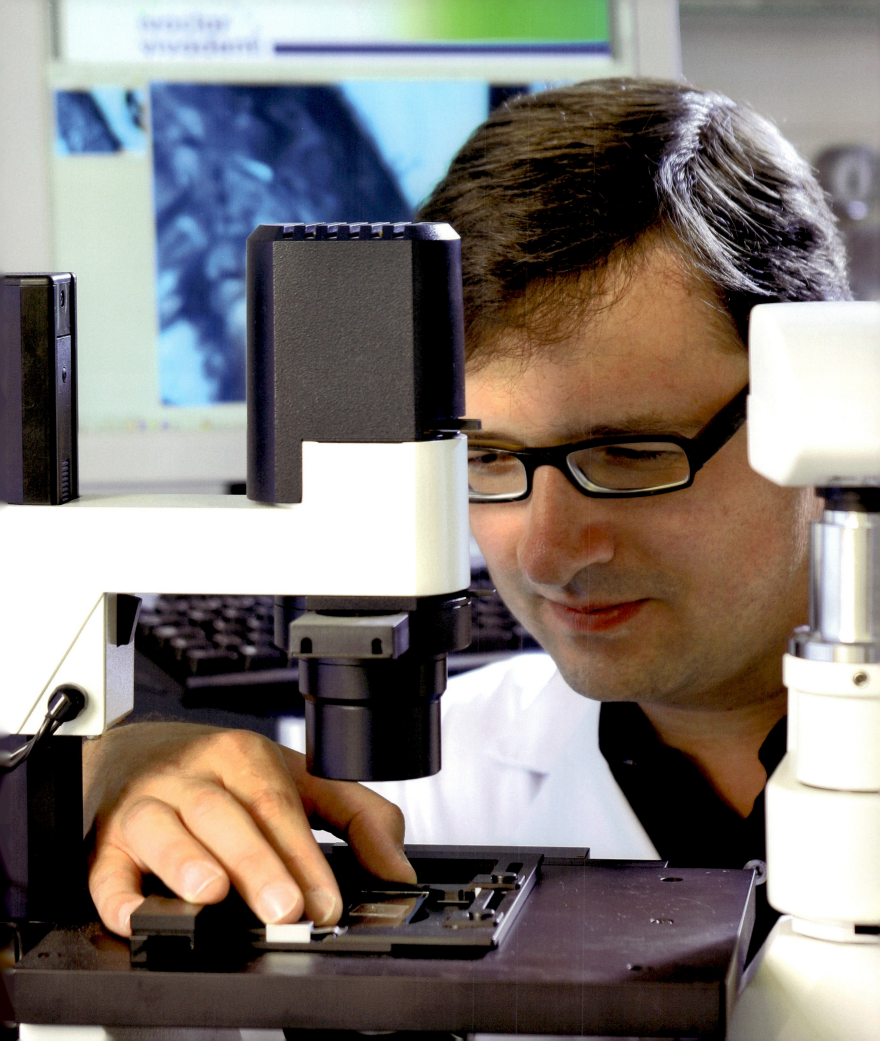

Internationalität – die Zugehörigkeit zu zwei Wirtschaftsräumen

Frischprodukte, Tiefkühlkost und Konserven gelangen von der Produktion am Hauptsitz von Hilcona in Schaan auf direktem Weg zu den Kunden.

Seit 1924 bilden Liechtenstein und die Schweiz eine Zoll- und Währungsunion. Der grössere Absatzmarkt und der Schweizer Franken beflügelten die wirtschaftliche Entwicklung des Landes. Der 1995 vollzogene Beitritt zum Europäischen Wirtschaftsraum brachte eine Besonderheit, weil Liechtenstein seither zwei verschiedenen Wirtschaftsräumen angehört. Das ist aber eine Konsequenz der liberalen Wirtschaftspolitik des Landes, die darauf bedacht ist, den Unternehmungen günstige Rahmenbedingungen und einen ungehinderten Zugang zu den europäischen Märkten zu schaffen. Der Technologiestandort und der hoch entwickelte Finanzplatz haben dem Land Wohlstand gebracht. Liechtenstein ist ein wichtiger regionaler Arbeitgeber. Jeden Tag pendeln rund 13 000 Grenzgänger zur Arbeit ins Land. Die Wirtschaftskraft zeigt sich im Bruttoinlandprodukt von 4,2 Milliarden Franken.

Hilcona kreiert Pasta-Gerichte für ganz Europa. Das Sortiment widerspiegelt die heutigen Ernährungsgewohnheiten und reicht von Pizza über Suppen und Saucen bis zu Fertiggerichten und tagesfrischen Sandwiches.

Die Convenience-Lebensmittel für Feinschmecker (Besseresser) werden von Kochprofis bis zur Perfektion entwickelt und getestet.

Schweizorientiert – Angleichung im Sozial- und Wirtschaftsrecht

Die Ospelt-Gruppe in Bendern beliefert mit ihren Malbuner Fleischspezialitäten, Convenience-Produkten und hochwertiger Tiernahrung Märkte in ganz Europa.

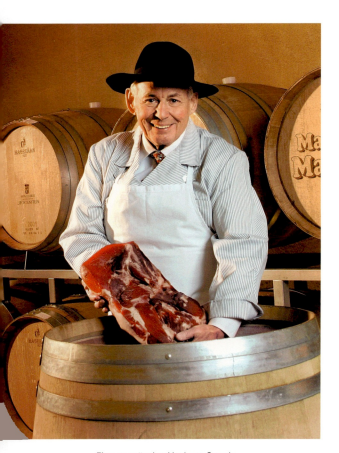

Firmengründer Herbert Ospelt.

Die enge wirtschaftliche Zusammenarbeit mit der Schweiz führte zu zahlreichen bilateralen Verträgen. Diese bilden unter anderem die Grundlage für die offene Grenze zwischen den beiden Staaten und für die Verwendung des Schweizer Frankens als offizielle Währung in Liechtenstein. Daraus erklärt sich, dass die Schweizer Zollgesetze und Zollabkommen der Schweiz mit Drittstaaten auch in Liechtenstein angewendet werden. Der gemeinsame Wirtschaftsraum brachte eine Angleichung von gesetzlichen Bestimmungen im Sozial- und Wirtschaftsrecht. Von grosser praktischer Bedeutung sind diese Verknüpfungen bei den Sozialversicherungen und den indirekten Steuern. Gemeinsamkeiten ergeben sich aber auch auf anderen Gebieten wie der Lehrlings- und Berufsausbildung sowie in der polizeilichen Zusammenarbeit.

Die Fleischspezialitäten der Ospelt-Gruppe zeichnen sich durch innovative Kreationen und die Liebe zur Qualität aus.

Wirtschaftsabkommen – Zugang zu den europäischen Märkten

Die Elkuch-Gruppe bietet einen Fullservice rund ums Thema Blech.

Weltweit führend: Plattenwärmeaustauscher, entwickelt und hergestellt bei Hoval.

Heizsysteme für klassische und alternative Energieträger.

Um der exportorientierten Wirtschaft des Landes den Zugang zu den europäischen Märkten zu sichern, hat Liechtenstein neben den bilateralen Verträgen mit der Schweiz auch wichtige multilaterale Abkommen abgeschlossen. Das Land ist seit 1991 Vollmitglied der Europäischen Freihandelsassoziation (EFTA) und seit 1995 Teil des Europäischen Wirtschaftsraums (EWR). Innerhalb des Binnenmarktes der Europäischen Union, der sich im Rahmen des EWR-Abkommens auch auf Liechtenstein ausdehnt, gelten der Grundsatz des freien Verkehrs von Waren, Kapital, Dienstleistungen und Personen sowie ein gemeinsames Wettbewerbsrecht. Als EWR-Staat übernimmt Liechtenstein die Binnenmarktgesetzgebung der Europäischen Union in das nationale Recht. Ausgenommen davon sind die Steuern, die Landwirtschaft, die Fischerei und die Handelspolitik.

Hoval steht für innovative Heizsysteme, Lufttechnik sowie Prozesswärme und baut Produkte, die höchste Ansprüche erfüllen.

Wertschöpfung – starke Industrialisierung mit einer hohen Exportquote

ThyssenKrupp Presta in Eschen gehört zu den weltweit erfolgreichsten Herstellern von Lenksystemen, ist Weltmarktführer bei gebauten Nockenwellen und Technologieführer auf dem Gebiet der Massivumformung.

Liechtensteins Wirtschaft ist weniger finanzdienstleistungslastig als allgemein angenommen wird. Die Wertschöpfung der Industrie und des produzierenden Gewerbes deckt rund 40 Prozent des Bruttoinlandprodukts ab, während der Anteil der Finanzdienstleistungen bei 30 Prozent liegt. Die Exportindustrie bildet einen wichtigen Pfeiler des wirtschaftlichen Erfolgs. Sie ist auf den internationalen Märkten mit technologischen Spitzenprodukten präsent. Der Pro-Kopf-Wert der jährlichen Exportumsätze von mehr als fünf Milliarden Franken liegt ungefähr zehn Mal höher als in Deutschland, Österreich oder der Schweiz.

Als innovativer Partner der internationalen Automobilindustrie hält ThyssenKrupp Presta einen technologischen Vorsprung in der Leichtbauweise.

Die Technologie von ThyssenKrupp Presta trägt dazu bei, das Auto noch langlebiger, sicherer, sparsamer und komfortabler zu gestalten.

Standortpolitik – liberaler Rahmen mit viel Selbstverantwortung

Die Neutrik AG in Schaan ist die führende Herstellerin von Steckverbindern für die professionelle Audio- und Video-Industrie.

Im Wettbewerb der Standorte erhält Liechtenstein gute Noten. Erfolgsfaktoren sind die im internationalen Vergleich tiefe Fiskalquote und die liberale Wirtschaftspolitik, Stabilität und Verlässlichkeit im politischen Umfeld und in der Rechtsetzung, das hohe Ausbildungsniveau und die Innovationskraft einer führenden Technologieregion. Vorteilhaft wirken sich zudem die gleichzeitige Zugehörigkeit zum schweizerischen und zum Europäischen Wirtschaftsraum sowie die Mitgliedschaft bei der Welthandelsorganisation (WTO) aus. Das Land setzt günstige Rahmenbedingungen für unternehmerische Aktivitäten. Auf Grund der Kleinheit gibt es in Liechtenstein aber keine direkte staatliche Wirtschaftsförderung mit Exportunterstützungen für Unternehmungen.

Die Zentrale der Neutrik AG in Liechtenstein betreut ein breites Netz von Exklusivvertretungen, die in achtzig Ländern die technische Unterstützung für die Kunden gewährleisten.

Zur Neutrik-Gruppe gehören Tochterunternehmen in Nordamerika, Grossbritannien, Deutschland, der Schweiz, Frankreich, Japan und China.

Marken – Sichtbarmachen liechtensteinischer Qualitätsarbeit

Geschenk- und Sammelartikel aus kunstvoll facettiertem Kristall haben Swarovski berühmt gemacht.

Logistikzentrum von Swarovski in Triesen.

Bekannter als die Firmennamen sind die Markennamen, unter denen liechtensteinische Erzeugnisse auf den europäischen Märkten und teilweise weltweit vertrieben werden. Diese Marken repräsentieren Hightech-Produkte von höchster Qualität. Stark vertreten sind die Branchen im Maschinen-, Geräte- und Anlagenbau sowie in der Dental- und Nahrungsmittelindustrie. Das Exportvolumen der Betriebe der Liechtensteinischen Industrie- und Handelskammer (LIHK) liegt bei rund 5 Milliarden Franken. In Liechtenstein beschäftigen diese Industriebetriebe nur ein knappes Viertel der für sie tätigen Menschen. Rund 28 000 Arbeitsplätze befinden sich in den ausländischen Niederlassungen. Die grosse Stärke dieser regional und international verflochtenen Unternehmungen ist die Schnelligkeit, mit der sie auf Marktsignale reagieren.

Weltweit führender Hersteller von geschliffenem Kristall.

In Liechtenstein unterhält der österreichische Konzern einen Produktionsstandort.

Kleinbetriebe – Rückgrat der Volkswirtschaft

Das leistungsfähige Baugewerbe hat seine Kapazitäten an die anhaltend starke Bautätigkeit der letzten Jahre angepasst.

Liechtensteins Wirtschaftsstruktur zeichnet sich durch einen hohen Anteil an kleinen und mittleren Unternehmen aus. Sie bilden neben der Exportindustrie und dem Finanzdienstleistungssektor einen dritten Pfeiler der überaus vielfältigen Wirtschaft des Landes. Die rund 3000 kleineren Gewerbe- und Dienstleistungsbetriebe haben als regionale Versorger und Zulieferer grossen Anteil an der erfolgreichen wirtschaftlichen Entwicklung. Sie stellen ein Drittel der 30 000 Arbeitsplätze in Liechtenstein. Viele dieser Kleinbetriebe haben Marktnischen gefunden, in denen sie sich auf den internationalen Märkten mit Köpfchen und unternehmerischem Geschick behaupten. Branchen wie das Baugewerbe oder der Detailhandel konzentrieren sich dagegen auf die Region. Der Denk-, Ausbildungs- und Werkplatz Liechtenstein strahlt auf die Grenzregion aus und zieht grosse Pendlerströme an.

Das durchschnittliche Bauvolumen erreichte in den letzten Jahren rund eine Million Kubikmeter.

3000 Gewerbetreibende in den verschiedensten Branchen beschäftigen rund ein Drittel der Arbeitnehmerinnen und Arbeitnehmer.

Lehrlingsausbildung – gewerbliche und handwerkliche Berufsbilder

Jugendliche in Liechtenstein haben nach dem Abschluss der Schule eine gute Chance, in einem der vielen Ausbildungsbetriebe des Landes eine Lehrstelle zu finden.

Liechtensteins Dichte an Fachgeschäften ist bemerkenswert. Sie empfehlen sich mit einer freundlichen, kompetenten Beratung und einer Produktevielfalt, wie sie sonst nur in grösseren Zentren zu finden ist.

Das liechtensteinische Gewerbe bildet junge Menschen in 95 Lehrberufen aus. Das Ausbildungskonzept mit einem theoretischen Teil in der Berufsschule und der Vermittlung praktischer Kenntnisse im Lehrbetrieb lehnt sich an das schweizerische Modell an. Auf Grund der vorhandenen Branchenvielfalt werden in Liechtenstein Ausbildungsplätze für praktisch alle gewerblichen Berufe angeboten. Seit der Einführung der Berufsmatura hat die Berufsausbildung als Alternative zur akademischen Laufbahn stark an Attraktivität gewonnen. Das hohe Ausbildungsniveau zeigt sich unter anderem darin, dass die liechtensteinischen Teilnehmerinnen und Teilnehmer an den Berufsweltmeisterschaften regelmässig Spitzenergebnisse erbringen und mit Medaillen nach Liechtenstein zurückkehren.

Die Gärtnereien und Blumengeschäfte «florieren» und ziehen mit ihren herrlich bunten Ausstellungen viele Kunden und Besucher an.

Knotenpunkte – internationale Finanzströme

Politische und rechtliche Stabilität bilden das Fundament des Finanzplatzes.

Die Privatsphäre ist ein hohes Gut im liechtensteinischen Staatsverständnis.

Der Mythos vom Finanzparadies, das ausschliesslich wegen des liberalen Steuer- und Gesellschaftsrechts ungebremst ausländisches Kapital in astronomischen Höhen anzieht, gehört der Vergangenheit an. Liechtenstein zählt zu den Knotenpunkten internationaler Finanzströme, weil es Werte wie Stabilität und Vertrauen verkörpert und im internationalen Standortvergleich komparative Vorteile vorzuweisen hat. Diese beschränken sich nicht nur auf das attraktive Steuersystem. Eine zentrale Rolle spielt die hohe Qualität der Finanzdienstleistungen und die Wahrung der Privatsphäre durch das Bankkundengeheimnis. Dass Liechtenstein im Inland puncto Persönlichkeitsschutz und liberale Wirtschaftshaltung die gleichen Massstäbe anlegt wie beim internationalen Geschäft, hat zur Glaubwürdigkeit des Platzes wesentlich beigetragen.

Die 1861 gegründete Liechtensteinische Landesbank ist die traditionsreichste unter den 15 Liechtensteiner Banken.

Finanzplatz – Vermögensverwaltung, Anlagefonds und Versicherungen

Die bedeutendsten Ratingagenturen der Welt qualifizieren den Finanzplatz Liechtenstein mit der höchsten Auszeichnung, dem AAA-Länderrating.

Der Finanzdienstleistungsbereich in Liechtenstein beschäftigt gegen 4000 Menschen und steuert rund dreissig Prozent oder 1,3 Milliarden Franken zum Bruttoinlandsprodukt (BIP) bei. Der Finanzplatz hat sich mit Professionalität und attraktiven Rahmenbedingungen auf die private Vermögensverwaltung, die internationale Vermögensstrukturierung und in den letzten Jahren zunehmend auf Anlagefonds und Versicherungslösungen ausgerichtet. Mit fünfzehn Banken, mehr als hundert Investmentunternehmen und über zwanzig Versicherungsgesellschaften ist er ein wichtiger Teil der liechtensteinischen Wirtschaft, aber im internationalen Vergleich doch relativ klein. Auf Grund des Beschäftigungsanteils von dreizehn Prozent handelt es sich auch nicht um den grössten Wirtschaftsbereich des Landes, wie vielfach im Ausland angenommen wird. Dieses Prädikat kommt der Industrie und dem produzierenden Gewerbe zu, die fünfundvierzig Prozent der rund 30 000 Arbeitsplätze in Liechtenstein stellen.

Kompetenz im Private Banking.

Strenge Gesetze zum Schutz der Anleger schaffen Vertrauen.

Die LGT vereint die Vermögensexperten des Fürstenhauses von Liechtenstein. An 29 erstklassigen Standorten in Europa, im Mittleren und Fernen Osten sowie in Amerika betreuen sie ihre Kunden mit umfassendem «Wealth Management».

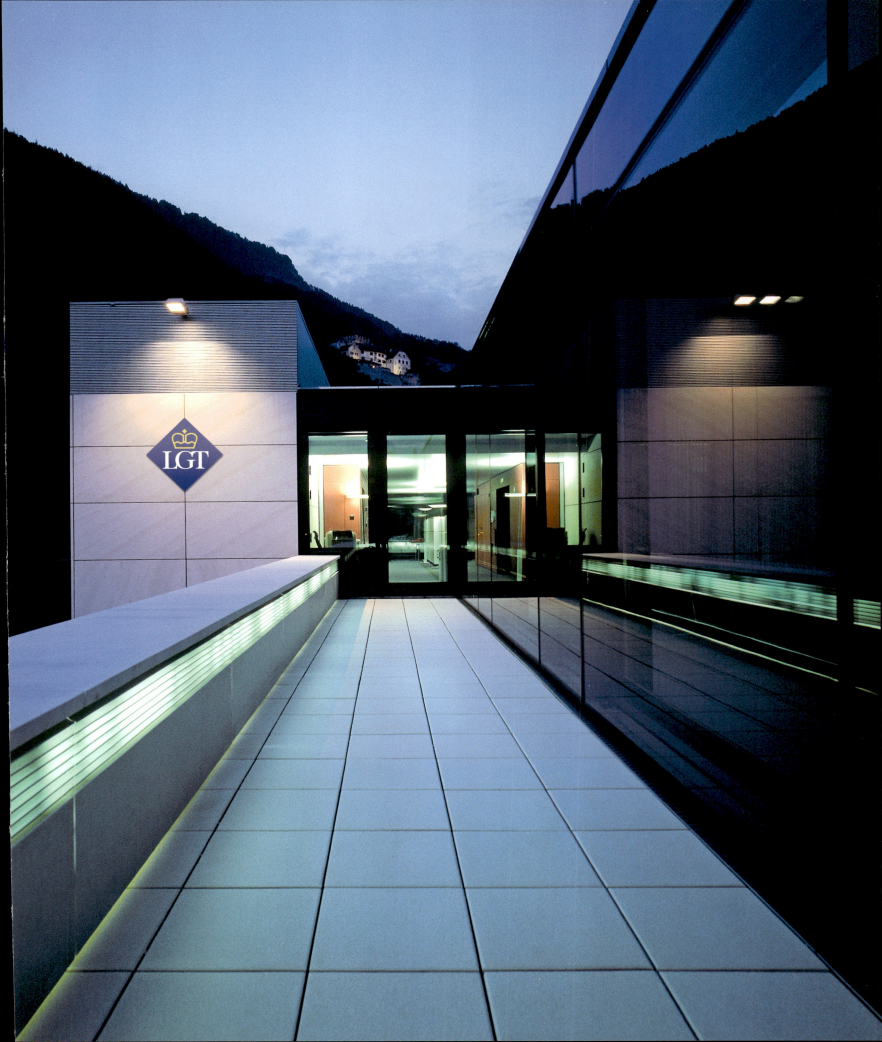

Bankkundengeheimnis – Teil des liechtensteinischen Staatsverständnisses

Langjährige Erfahrung, Diskretion und hohe Qualitätsstandards zeichnen die liechtensteinischen Finanzdienstleistungsunternehmen aus.

Verbindung von architektonischer Ästhetik und Finanzwelt: das Gebäude der Centrum Bank in Vaduz.

Das Bankkundengeheimnis ist Ausdruck des liechtensteinischen Staatsverständnisses, wonach im Verhältnis zwischen Bürger und Staat der Schutz der Privatsphäre ein hohes Gut darstellt. Diese Grundhaltung bietet den Bürgern wie auch den Kunden des Finanzplatzes Liechtenstein Gewähr, dass die Integrität ihrer Persönlichkeit respektiert wird. Dem nicht ausschliessbaren Risiko des kriminellen Missbrauchs von Finanzdienstleistungen begegnete Liechtenstein mit einem neuen Rechtshilfegesetz in Strafsachen und verschärften Bestimmungen zur Sorgfaltspflicht. Die Einführung der vom Staat unabhängigen Finanzmarktaufsicht und die personelle Verstärkung der Vollzugsorgane sorgen für die wirksame Bekämpfung von Kriminalität. Diese klaren Signale haben bei den internationalen Organisationen Anerkennung gefunden und insgesamt die Attraktivität des Finanzplatzes nochmals erhöht.

Die VP Bank in Vaduz gehört zu den führenden Privatbanken mit internationaler Ausrichtung.

Landwirtschaft – Ideen und die beste Milch Europas

Aussiedlungsbetriebe im Landwirtschaftsgebiet bilden das Gegenstück zu den vielen landwirtschaftlich genutzten Kleinparzellen im Talraum und zur Alpwirtschaft.

«Alpabfahrt» mit geschmückten Kühen.

Holzherzen als Dank für einen verlustfreien Alpsommer.

Die landwirtschaftlich genutzte Fläche erstreckt sich über ein knappes Viertel der 16 000 Hektaren Landesfläche. Die Milchproduktion ist der wichtigste Einkommenszweig des primären Sektors, der nur noch ein Prozent der erwerbstätigen Bevölkerung Liechtensteins beschäftigt. Die klimatischen und topografischen Verhältnisse eignen sich besonders gut für den Futteranbau. Die jährliche Milchproduktion von rund 14 000 Tonnen deckt den Eigenbedarf Liechtensteins. Mit staatlichen Direktzahlungen werden die Einkommensausfälle der Bauern auf Grund des existenzbedrohenden Preiszerfalls teilweise kompensiert. Originelle Vermarktungsideen und die in einem europäischen Vergleich mit Gold ausgezeichnete Milchqualität fördern den Absatz der einheimischen Milchprodukte.

Die Käseproduktion bildet einen Nebenerwerb für die Landwirte.

Die hervorragende Milchqualität spielt bei der Verarbeitung zu gefragten Frischprodukten für den regionalen Markt eine entscheidende Rolle.

Bioprodukte – ökologisch und marktorientiert

Die Ernte der Zuckerrüben und die Verarbeitung von Mais zu Silofutter sind Bilder aus dem bäuerlichen Alltag in Liechtenstein.

Technik und Natur prägen die Arbeit des Landwirts.

Das milde Klima des Rheintals mit einer durchschnittlichen Jahrestemperatur von 9° Celsius wird durch den Föhn beeinflusst. Der warme Südwind lässt vorwiegend im Frühjahr und im Herbst die Temperaturen wesentlich ansteigen. Das wirkt sich auf die Vegetation und vor allem auf den Anbau von Mais und Wein günstig aus. Die schmalen Landwirtschaftsflächen zwischen dem Liechtensteiner Berggebiet und dem Rhein werden vorwiegend für den Gemüse- und Futteranbau genutzt. Die schonende und naturgerechte Bewirtschaftungsart und der Direktvertrieb von Bioprodukten verbessern die wirtschaftliche Grundlage vieler Bauern. Bewirtschaftet werden 1100 Hektaren für den Acker-, Gemüse-, Obst- und Weinbau sowie 2400 Hektaren der landwirtschaftlichen Nutzfläche im Tal und 2000 Hektaren Alpweiden für die Fleisch- und Milchproduktion.

Integrierte Produktion und biologischer Anbau sichern den Gemüsebauern die Existenz. Ihre hochwertigen Bioprodukte finden guten Absatz.

Weinbau – fürstliche Tropfen in ländlichem Ambiente

Im Herawingert der Domäne Vaduz wächst ein herrlicher Blauburgunder.

Die Weine werden in Eichenfässern gelagert.

Das Fürstliche Wappen ziert die Etiketten.

Traditionellerweise ist Liechtenstein mit seinen Hanglagen, dem milden Klima und den fruchtbaren, kalkhaltigen Böden ein Weinanbaugebiet. Heute wachsen auf 26 Hektaren Rebfläche über 20 verschiedene Rebsorten. Der Blauburgunder ist der wichtigste Vertreter der blauen Traube, der Riesling x Sylvaner die am meisten angepflanzte weisse Traube. Die rund 100 Winzer des Landes kultivieren aber auch Sorten wie Blaufränkisch, Zweigelt, Regent und Marechal Foch oder Chardonnay, Weiss- und Grauburgunder, Gewürztraminer, Seyval blanc, Saphira und Bianca. Das Traubengut wird grösstenteils in Liechtenstein gekeltert. Die Gesamternte auf Liechtensteins Rebbergen, die auf südlich bis westlich orientierten Flächen von Rüfeschuttkegeln und auf den Hängen des Eschnerberges stehen, ergibt in guten Jahren eine Weinproduktion von über 100 000 Litern, die vornehmlich in der Region ihre Abnehmer finden.

Direktverkauf in der Hofkellerei.

Weinernte am Eschnerberg. In Liechtenstein werden Qualitätsweine nach den neuesten Erkenntnissen der Weinbauforschung produziert.

Haute Cuisine – kreative und hoch dekorierte Haubenköche

Die gehobene Gastronomie des Landes zelebriert eine feine Esskultur und verwöhnt die Gäste mit kulinarischen Erlebnissen.

Elegante Speiserestaurants mit Atmosphäre.

Die Gilde der Liechtensteiner Spitzenköche ist grösser geworden. Zum Aushängeschild der gehobenen Küche Liechtensteins, dem weitherum bekannten Restaurant Real, haben sich in den letzten Jahren mehrere Häuser mit einer kreativen und hoch stehenden Küche dazugesellt. Die internationale Küche, mit saisonalen Gerichten von höchster Qualität, wird mit einer Perfektion betrieben, die schon manchem Gastrokritiker Worte des Entzückens entlockten. Die eleganten Speiselokale gehören mit ihrem gepflegten Service und einer selbst für Kenner überraschenden Weinkarte zu den führenden Häusern der Region. Die gebotene Esskultur schmeichelt Gaumen und Zunge gleichermassen und wird dank der stilvollen Atmosphäre zu einem Gesamterlebnis, das Einheimische wie auch viele Besucher aus der Nachbarschaft immer wieder begeistert.

Die mehrfach ausgezeichneten Spitzengastronomen des Landes mit dem Pionier Felix Real sind bekannt für ihre hoch stehende Küche und den gepflegten Service.

Spezialitäten – Kultur der Hausmannskost in den Landgasthöfen

Die frisch zubereiteten Käsknöpfle sind eine traditionelle Liechtensteiner Spezialität, die in einigen Restaurants serviert wird.

Das Käsknöpfleessen in gemütlicher Runde ist bei der liechtensteinischen Bevölkerung beliebt.

Typische Liechtensteiner Spezialitäten gibt es nur wenige, dafür aber umso währschaftere. Die früheren Nationalgerichte entsprangen nicht einer eigentlichen liechtensteinischen Küche, sondern gehörten zu den Grundnahrungsmitteln der Rheintaler Bevölkerung. Dazu zählte beispielsweise der Rheintaler Ribelmais. Die daraus gewonnenen Ribelgerichte waren und sind eine regionale Spezialität, die aber kaum mehr in Gaststätten erhältlich ist. Auf dem Speiseplan einiger Landgasthöfe findet sich aber eine andere Liechtensteiner Delikatesse, die beliebten «Käsknöpfle». Sie werden je nach Geschmack und Gewohnheit mit Apfel- und Holdermus oder mit Kartoffelsalat und in jedem Fall mit vielen gerösteten Zwiebeln serviert. Zu den Gerichten der ursprünglichen bäuerlichen Küche gehören auch der «Hafaläb», Schupfnudeln und andere Kartoffel- und Mehlspeisen.

Die heimeligen Landgasthöfe mit ihrer gutbürgerlichen Küche bereichern das gastronomische Angebot mit einer familiären Ambiance.

Szene – In-Restaurants stehen hoch im Kurs

Als Treffpunkte, auf ein Glas oder einen Capuccino, bieten sich eine bunte Mischung von Pubs, Bistros oder Cafés an.

Für Gesprächsstoff ist gesorgt, wenn Liechtensteins Jugend unter sich ist.

Die Liechtensteiner, natürlich auch die Liechtensteinerinnen, sind gesellige Menschen, die untereinander intensive Beziehungen pflegen. Viele von ihnen engagieren sich in der Freizeit in einem der vielen Vereine des Landes. Sie sind der Kitt, der die Dorfgemeinschaft belebt und den Zusammenhalt fördert. Sie sind aber auch ein wichtiger Teil des gesellschaftlichen Lebens in Liechtenstein. Gleichgesinnte treffen sich zur gemeinsamen Freizeitgestaltung und zur Pflege der Kameradschaft in einem der vielen gemütlichen Lokale des Landes. Dort werden Neuigkeiten ausgetauscht, die politischen Zu- und Umstände diskutiert, Meinungen gebildet und oftmals ungeplant die grössten Feste gefeiert. Bevorzugte Treffpunkte sind die verschiedenen In-Restaurants, die Apéro-Bar und natürlich die heimelige Dorfbeiz, wo sich der Wirt noch persönlich um das Wohl der Gäste kümmert.

Der Feierabend oder Ausgang führt oft in eine der originellen Apéro-Bars des Landes.

Kulturland – Reichtum an kulturellen Ausdrucksformen

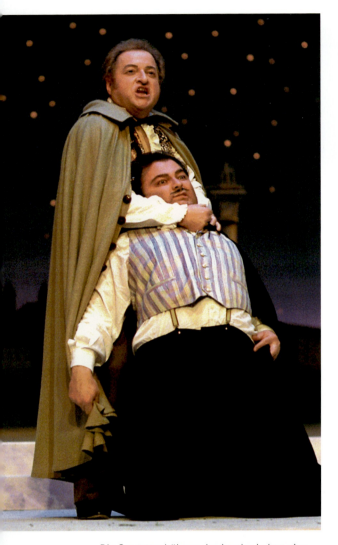

Die Operettenbühnen des Landes haben eine lange Tradition.

Film und Musik sind feste Bestandteile des vielfältigen Kulturprogramms in Liechtenstein.

Liechtensteins Kabarett, das LiGa.

Nationale Identität widerspiegelt sich in der gemeinsamen Herkunft und in der Pflege des kulturellen Erbes. Christliche Grundwerte und verschiedene Einflüsse auf Grund der Lage des Landes an einer wichtigen Nord-Süd-Verbindung kommen im Brauchtum und in den überlieferten Traditionen zum Ausdruck. Als Teil der Kulturlandschaft des Bodenseeraums ist der Austausch mit anderen und anderem ein prägendes Element des liechtensteinischen Selbstverständnisses. Der Kleinstaat arbeitet nicht nur in politischen und wirtschaftlichen Fragen mit Europa und der Region zusammen, sondern auch auf kulturellem Gebiet. Dieses befruchtende Miteinander verschiedener Kulturen und die kulturelle Begegnung haben in Liechtenstein einen hohen Stellenwert. Das Kulturland fördert die Vielfalt an kulturellen Ausdrucksformen und versteht es, eigenes Kulturschaffen in einen Dialog mit der regionalen und internationalen Kulturszene treten zu lassen.

Das Theater am Kirchplatz in Schaan geniesst mit seinem hoch stehenden Programm einen ausgezeichneten Ruf und zieht Besucher aus der ganzen Region an.

Künstler – Reflektieren der Liechtensteiner Seele

Im Kunstraum Engländerbau präsentieren sich zeitgenössische Künstler mit Ausstellungen, Installationen, Lesungen und Performances.

Einige Künstler Liechtensteins haben sich auch im Ausland einen Namen gemacht. Internationale Beachtung finden die Plastiken von Georg Malin (Bild) und die Skulpturen des Bildhauers Hugo Marxer.

Das zeitgenössische Kunstschaffen in Liechtenstein hat viele Facetten. Zu jenen, die über die Landesgrenzen hinaus Beachtung finden, gehört die bildende und angewandte Kunst. Einige der rund 50 Maler und Bildhauer des Landes haben sich auch international einen Namen gemacht. Das Land fördert künstlerisches Schaffen durch Austauschprogramme und Werkjahrstipendien, den Ankauf von Werken liechtensteinischer Kunstschaffender und die Bereitstellung von Räumen für Ausstellungen. In der Kunst- und Kulturlandschaft Liechtenstein vertreten sind aber auch alle anderen Sparten wie Musik, Film, Theater, Tanz und Literatur. Zu den bekanntesten Kulturinstitutionen zählen das Kunstmuseum und das Landesmuseum in Vaduz sowie das Theater am Kirchplatz in Schaan. Auf den schönen Briefmarken des Landes reflektieren in- und ausländische Künstler liechtensteinische Themen.

Zu dem in Liechtenstein vertretenen Kunsthandwerk gehört auch das Schöpfen von Papier in den Kunstwerkstätten von Hanspeter Leibold.

Schmuckstück – Atmosphäre, Kunst und Begegnung unter einem Dach

Das Konzept des Kunstmuseums Liechtenstein findet bei der Fachwelt und bei Kunstfreunden aus dem In- und Ausland grossen Anklang.

Das Kunstmuseum Liechtenstein legt den Sammlungsschwerpunkt auf Kunstwerke des 19. und 20. Jahrhunderts. Damit ergänzt und verlängert es als zweite wichtige Sammlung in Liechtenstein den Zeithorizont der Fürstlichen Sammlungen, die Kunstwerke vom ausgehenden Mittelalter bis ins 19. Jahrhundert enthalten. Das Kunstmuseum Liechtenstein konzentriert sich auf eine thematisch ausgerichtete Sammlungspolitik in den Bereichen Skulptur/Objekt/Installation, plastische und andere dreidimensionale Werke sowie grafische Arbeiten. Es zeigt Wechselausstellungen zur Kunst seit 1900 und präsentiert seine Sammlungsbestände nach dem Prinzip des «Dialogs». Das Museum ist ein architektonisches Schmuckstück mit Räumen voller Atmosphäre, die zur Begegnung mit Kunst animieren.

Für viele Besucher des Fürstentums Liechtenstein gehört zum Aufenthalt im Land ein Abstecher in die Ausstellungsräume des Kunstmuseums.

Die Ausstellungen im Kunstmuseum sind von hohem Rang und werden von einem internationalen Publikum mit viel Lob bedacht.

Herkunft – in Tuchfühlung mit der eigenen Vergangenheit

Das Liechtensteinische Landesmuseum präsentiert in Vaduz eine thematisch aufgebaute Dauerausstellung, die auf menschliche Tätigkeiten fokussiert ist. Unter den sechs Leitbegriffen «siedeln», «schützen», «herrschen», «feiern», «schaffen» und «nutzen» werden diese Tätigkeiten in einen übergreifenden Zusammenhang gebracht. Die Sammlungen des Liechtensteinischen Landesmuseums umfassen Objekte aus der liechtensteinischen und regionalen Geschichte. Seit 2003 stellt das Landesmuseum neben eigenen naturkundlichen und naturhistorischen Objekten Exponate der Naturkundlichen Sammlung des Fürstentums Liechtenstein aus – mit regionalen Schwerpunkten in Ornithologie, Botanik, Fauna und Flora des Alpenraums. Das Landesmuseum führt zudem in Schellenberg ein bäuerliches Wohnmuseum.

Erste Liechtensteinkarte von Jacob Heber aus dem Jahre 1721.

Kaiserliches Diplom über die Erhebung zum Reichsfürstentum Liechtenstein von 1719.

Die nachgewiesene Besiedlung datiert aus dem Neolithikum (4000–1800 v. Chr.).

Die gut erhaltene Bauernstube im Landesmuseum aus dem späten 16. Jahrhundert gibt Einblick in die Lebensweise früherer Generationen.

Das Fastentuch aus der Pfarrkirche Bendern entstand 1612. Es stellt Szenen aus dem Alten und Neuen Testament dar.

Lebensqualität – Erholung vor der Haustür

Wanderungen im liechtensteinischen Alpengebiet haben einen hohen Erholungs- und Erlebniswert. Viele Berggänger machen auf der Pfälzerhütte Zwischenhalt.

Der Gänglesee in Steg zählt zu den begehrten Ausflugszielen für Familien mit Kindern.

Liechtenstein zeichnet sich weniger durch spektakuläre Bauwerke und historische Dorfbilder aus, sondern vor allem durch den hohen Anteil an Erholungslandschaft. Das Berggebiet erstreckt sich über zwei Drittel des Landes. Die Bergkulisse im Osten des Landes, darunter das bekannte Drei-Schwestern-Massiv, bildet eine natürliche Barriere zwischen dem Rheintal und den alpinen Hochtälern. Luftige Gipfel auf bis zu 2600 Metern Höhe, einladende Bergwege und viele lohnende Ausflugsziele bieten Ruhe und Erholung. Anziehungspunkte im Tal sind die Auen- und Rietlandschaften, der Rhein und der Eschnerberg, der sich wie eine Insel im Rheintal auf gut 650 Meter erhebt. Vom Feuchtgebiet des Ruggeller Riets bis zum Hochgebirge der Falknisgruppe kommen Spaziergänger und Alpinisten mit der Natur in ihren vielfältigsten und schönsten Ausprägungen in Berührung.

Die Freizeitanlagen in den Gemeinden bieten für jedes Alter Ausgleich und Entspannung.

Bewegung – aktives und sportbegeistertes Liechtenstein

Auf den Radwanderwegen im Tal und im Berggebiet fahren Biker variantenreiche Touren.

Erholung für Mensch und Tier am Rhein.

Wer hoch hinaus will, findet eine Wand.

Mehr als ein Drittel der liechtensteinischen Bevölkerung übt eine oder mehrere Sportarten in den weit über hundert Sportvereinen des Landes aus. Die Sportbegeisterung in Liechtenstein zeigt sich auch in den grosszügig ausgebauten Sport- und Freizeitanlagen wie dem Rheinpark Stadion in Vaduz, einem modernen Kleinstadion, in dem die liechtensteinische Fussballnationalmannschaft ihre Heimspiele austrägt und der FC Vaduz um die Meisterschaft in der zweithöchsten schweizerischen Fussballliga spielt. Vorzeigeobjekte sind auch die Leichtathletikanlage in Schaan, der Erlebnispark im Schwimmbadareal Mühleholz und der Sportpark Eschen-Mauren. In fast allen Gemeinden des Landes und bei den Schulzentren befinden sich attraktive Sportstätten. Viele Einwohnerinnen und Einwohner verbinden Bewegung mit Naturerlebnissen in einem der vielen Naherholungsgebiete: zu Fuss, auf dem Bike oder mit Inline-Skates. Rund 400 Kilometer Wander- und Radwanderwege im Berggebiet und im Tal locken an schönen Tagen Tausende von natur- und sportbegeisterten Menschen.

Freizeitpark Mühleholz mit einem der schönsten Freibäder der Region.

Fussball gehört zu den beliebtesten Mannschaftssportarten in Liechtenstein.

Familienparadies – Erlebnis und Sport in verschneiter Natur

Die Abfahrt vom Sareiserjoch mit Hängen in verschiedenen Schwierigkeitsgraden führt Anfänger und geübte Skiläufer sicher ins Tal.

Immer wieder schaffen Einzelsportler aus Liechtenstein den Sprung in die Weltspitze. Die guten Ergebnisse in den alpinen und nordischen Disziplinen begeistern und erstaunen, zumal das Land zu den kleinsten Ski- und Langlaufnationen gehört. Über die Gründe für die überdurchschnittliche Erfolgsquote ist schon viel spekuliert worden. Die individuelle Förderung von Talenten, ein professionelles Trainingskonzept mit grenzüberschreitenden Kooperationen, viel Selbstdisziplin und eine starke Motivation zur Erbringung von Höchstleistungen sind wichtige Faktoren. Noch wichtiger aber ist die Freude am Sport, die Liechtensteins Jugend bei den ersten Gehversuchen in der herrlichen Natur des Wintersportgebiets Malbun-Steg, «eingeimpft» bekommt.

Liechtenstein investiert in moderne und attraktive Infrastrukturen im familienfreundlichen Wintersportgebiet Malbun-Steg.

Wintersportler und Erholungssuchende finden in Malbun-Steg Loipen, Pisten, Schlittel- und Wanderwege in einer unberührten Winterlandschaft.

Rheinkultur – ein Land und sein Fluss als prägende Elemente

Die letzte gedeckte Holzbrücke an der Flussgrenze zur Schweiz verbindet Vaduz mit Sevelen. Alle anderen Holzbrücken wurden durch Brände vernichtet.

Die Einmündung des Binnenkanals in den Rhein bei Ruggell zählt zu den beliebten Naherholungsgebieten in der Natur.

Landschaften von erlesener Schönheit, Juwelen der Natur, ein Paradies für erdverbundene Menschen. So klein Liechtenstein auch ist, noch viel kleiner ist die besiedelte Fläche, was den wahren Reichtum des Landes schon erahnen lässt: Eine grosszügige Segnung mit unberührten Landstrichen, mit Wäldern, Bergzügen und Alpen, mit Rietlandschaften und Auen. Der Dominanz der Berg- und Alpenwelt kann in der Ebene nur das Regime des Alpenrheins Paroli bieten, der dem Tal seinen Namen gegeben hat und die natürliche Grenze zur Schweiz bildet. Das Liechtensteiner Berggebiet erstreckt sich über zwei Drittel der Landesfläche. Die Alpen gehören zum Schönsten, was Liechtenstein zu bieten hat. Wer sie auf einem der über 400 Kilometer langen Bergwege durchwandert, dem eröffnen sich immer wieder neue, faszinierende Ausblicke.

Von der Walsergemeinde Triesenberg aus eröffnet sich ein weiter Ausblick auf das Rheintal.

Historische Bauten – die Zeit überdauernde Zeugen der Vergangenheit

Das «Rote Haus» mit dem Abtswingert oberhalb von Vaduz.

Geschichtsträchtiger Kirchhügel in Bendern.

Schloss Gutenberg in Balzers-Mäls.

Burgruine auf Schellenberg.

Landschaftliche Perlen finden sich nicht nur im Alpengebiet. Wer eine der elf kleinen Gemeinden besucht, stösst ausserhalb der Zentren rasch auf Oasen der Ruhe in der Natur und auf Zeugen der bäuerlichen Vergangenheit und Bauweise. Historische Bauten und Denkmäler aus vergangenen Epochen erinnern an eine Geschichte, die vom heutigen Wohlstand weit entfernt war und auch von der Romantik, die wir im Vergangenen gerne sehen. Das Damals war von einer langsameren Lebensweise geprägt, die uns heute scheinbar abhanden gekommen ist. Wer über Zeitfenster verfügt und für einen Moment das Tempo drosselt, der wird reichlich belohnt. Diese Musse schärft den Blick für das, was Liechtensteins Attraktivität ausmacht: Landschaften, die Ruhe ausstrahlen, abseits der viel befahrenen Strassen und belebten Plätze, Bauzeugen vergangener Zeiten und Symbole überlieferter Traditionen neben eleganten Bürofassaden.

Bei der Heilig-Kreuz-Kapelle auf Rofenberg in Eschen befand sich die Gerichtsstätte der ehemaligen Herrschaft Schellenberg.

Aussicht auf die südlichste Gemeinde Balzers mit Schloss Gutenberg, das sich auf einer rund siebzig Meter hohen Kuppe über die Talebene erhebt.

Architektur – spannende Gegensätze von dörflich und städtisch

Idyllischer Dorfplatz von Schellenberg mit der modernen Pfarrkirche.

Büro- und Industriefassaden im Grünen.

Mehrfamilienhäuser sind stark im Kommen.

Die Siedlungsweise und die architektonischen Gegensätze zeichnen ein Bild, dem man in Liechtenstein oft begegnet. Dörflich geprägte Baustrukturen verbinden sich mit städtischen Elementen. Modernste Baustile, Gebäudeformen und Fassaden vermischen sich mit Traditionellem. Solche Dorfansichten verraten vieles über das Wesen des Liechtensteiners, der offen ist für Neues, ohne aber seine Bodenständigkeit verloren zu haben. Die einfache Bauweise und Lebensart von früher kontrastiert mit dem hohen Ausbaustandard und technischer Funktionalität von heute. Darin zeigt sich vielleicht am augenfälligsten, wie rasch der vor wenigen Jahrzehnten vollzogene Wandel vom Agrar- zum Industrie- und Dienstleistungsstaat dem Land und seiner Bevölkerung Wohlstand gebracht hat. Liechtenstein hat einen hohen Anteil an Einfamilienhäusern, die bei der Bevölkerung sehr beliebt sind. Durch die Bodenverknappung und die hohen Grundstückspreise wohnen aber immer mehr Menschen in Mehrfamilienhäusern, die teilweise ganz neue Quartiere bilden.

Vielfalt an architektonischen Baustilen.

Harmonie und Spannung zwischen Alt und Neu prägen den Blick von der Fassade des Kunstmuseums auf Schloss Vaduz.

Die Gemeinde Triesen gilt als älteste geschlossene Siedlung des Landes. Oberhalb des Dorfes befinden sich die Weinberge und die historische Kapelle St. Mamertus.

Geografie – bevorzugte Lage und Boden als knappes Gut

Die ländlichen Bauten, oftmals schmucke und blumengeschmückte Holzhäuser, dokumentieren die frühere Bauweise und die bäuerliche Vergangenheit.

Blick auf eine Häusergruppe und die dem heiligen Josef geweihte Kapelle in Planken, der mit 400 Einwohnern kleinsten Gemeinde Liechtensteins.

Liechtenstein liegt zwischen 47° 16' und 47° 03' nördlicher Breite und zwischen 9° 28' und 9° 38' östlicher Länge von Greenwich. Eine Länge von 24,6 Kilometern und eine Breite von 12,4 Kilometern definieren seine grössten Ausdehnungen. Von den 160 Quadratkilometern Landesfläche sind 42 Prozent bewaldet, 34 Prozent landwirtschaftlich genutzt und 15 Prozent unproduktiv. Das besiedelte Gebiet erstreckt sich auf rund 14 Quadratkilometer oder 9 Prozent. Die darin zum Ausdruck kommende Kleinräumigkeit zeigt auf, dass Boden in Liechtenstein ein knappes Gut ist, das sich zudem ungleich auf die elf Gemeinden verteilt. Die flächenmässig grösste Gemeinde ist Triesenberg mit 29,8 Quadratkilometern, die kleinste Schellenberg mit 3,5 Quadratkilometern Gemeindefläche. Die beschränkten Bodenverhältnisse verlangen von Land und Gemeinden eine weitsichtige Zonen- und Raumplanung.

Szene aus der Fussgängerzone im Vaduzer Städtle, das Touristen aus aller Welt anlockt.

Traditionen – Wurzeln der Identität

Das Abbrennen des Funkens und das närrische Treiben an der Fasnacht sind fest verankertes Brauchtum.

Prozession in der Gemeinde Mauren.

Das alte Brauchtum, überlieferte Traditionen, werden in Liechtenstein hoch gehalten. Die farbige Fasnacht, die in den Tagen vor Aschermittwoch kulminiert. Der Funkensonntag, jeweils am ersten Fastensonntag des Jahres, mit dem Abbrennen eines grossen Holzstosses mit der Funkenhexe obendrauf. Das Fest Maria Himmelfahrt und der Staatsfeiertag am 15. August. Das Fronleichnamsfest mit feierlichen Prozessionen, vorbei an liebevoll geschmückten Altären. Weltliches und kirchliches Brauchtum hat seinen festen Platz im Jahresablauf. Unverkennbar sind die Einflüsse aus anderen Kulturkreisen, die das Traditionelle mit neueren Erscheinungen durchmischen. Ein Beispiel dafür sind die Halloween-Partys, die um Allerheiligen gefeiert werden, in einer Zeit, die traditionellerweise der Besinnung und dem Gedenken an die Verstorbenen gilt.

Viele Vereine Liechtensteins sind auf kulturellem Gebiet tätig und geben kirchlichen und weltlichen Anlässen einen feierlichen Rahmen.

Gemeindeautonomie – Selbstbestimmung der Kommunen

Schaan als einer der bedeutendsten Wirtschaftsstandorte in der Region konnte sich den ländlichen Charakter mit hoher Wohnqualität bewahren.

In der liechtensteinischen Verfassung sind vier Grundprinzipien festgeschrieben: das monarchische, das demokratische, das rechtsstaatliche und das Prinzip der Gemeindeautonomie. Die wichtige Rolle der Gemeinden im Staatswesen hängt eng mit der Selbständigkeit (Autonomie) in ihrem eigenen Wirkungskreis zusammen. Dazu gehören die Wahl der Gemeindeorgane, die Organisation der Gemeinde, die Verleihung des Bürgerrechts, die Verwaltung des Gemeindevermögens und die Errichtung öffentlicher Bauten und Anlagen sowie die Erhebung von Umlagen und die Festsetzung von Steuerzuschlägen. Wichtige Grundlage für die Ausübung der Gemeindeautonomie bilden die eigenen Einnahmen aus Gemeindesteuern, Subventionen und Finanzausgleich.

Kunst ist bei einem Spaziergang durch Vaduz allgegenwärtig.

Sitz der Gemeindeverwaltung im Maurer Rathaus.

Zu den Sehenswürdigkeiten von Vaduz, dem Hauptort Liechtensteins, gehört das Rathaus, in dem das Bürgermeisteramt und die Gemeindeverwaltung untergebracht sind.

Blick von der Berggemeinde Planken auf das nebeldurch-
zogene Rheintal und den Eschnerberg. Im Hintergrund sind die
mächtigen Felsformationen der Schweizer Kreuzberge erkennbar.

Gotteshäuser – sakrale Bauten und Symbole des Glaubens

Die Kapelle St. Maria auf Masescha geht auf das frühe 14. Jahrhundert zurück. Im Innern des markanten Baus finden sich eindrückliche Fragmente der ursprünglichen Wandmalereien.

Das römisch-katholisch geprägte Liechtenstein gehörte während rund 1600 Jahren dem Bistum Chur an. 1997 errichtete S.H. Papst Johannes Paul II., der das Land zwölf Jahre zuvor am 8. September 1985 besucht hatte, durch die Apostolische Konstitution «Ad satius consulendum» die Erzdiözese Vaduz. Das Erzbistum ist seither direkt dem Heiligen Stuhl unterstellt, mit dem das Fürstentum 1985 offizielle diplomatische Beziehungen aufgenommen hat. Die Kirchengeschichte handelt im Wesentlichen von der Geschichte der Pfarreien und Ordensniederlassungen. Heute gehören rund drei Viertel der Bevölkerung der römisch-katholischen Landeskirche an. Landespatron Liechtensteins ist der heilige Glaubensbote und Märtyrer Luzius, der in frühester Zeit (wohl vor 700) im churrätischen Raum missionierte.

Die feierliche Prozession am Fronleichnamsfest und die Erstkommunion am Weissen Sonntag bilden Höhepunkte im kirchlichen Jahresablauf.

Die 1743 eingeweihte Kapelle St. Maria zum Trost auf Dux in Schaan enthält eine weitgehend originale barocke Innenausstattung.

Mäzenatentum – fürstliche Förderung in schweren Zeiten

Moderner Dorfplatz mit der Pfarrkirche St. Martin und dem Pfrundhaus in Eschen.

Die Fürstenfamilie unterstützte die Gemeinden finanziell beim Kirchenbau. Beispiele sind die sich im Dorfbrunnen spiegelnde Pfarrkirche von Eschen und die Pfarrkirche St. Laurentius in Schaan.

Die Beziehungen zwischen dem Fürstenhaus Liechtenstein und den Gemeinden des Landes sind vielschichtig und traditionell gewachsen. Mit zur Verbundenheit beigetragen haben grosszügige fürstliche Zuwendungen an öffentliche Einrichtungen und Bauvorhaben im 19. und beginnenden 20. Jahrhundert, wie sie vor allem unter der Regentschaft von Fürst Johann II. (1840–1929) mit seinem bemerkenswerten Engagement auf sozialem und humanitärem Gebiet erfolgten. Aus dieser Zeit datieren mehrere Pfarrkirchen des Landes, die mit fürstlicher Förderung errichtet worden sind. Sie sind Zeichen einer gläubigen Bevölkerung, die das Land in schweren Zeiten dem Schutze Gottes unterstellte. Denn Liechtensteins Geschichte war begleitet von den drei «Landesnöten» Rüfe, Föhn und Rhein. Diesen Naturgewalten zollten die Menschen des Rheintals seit jeher grossen Respekt.

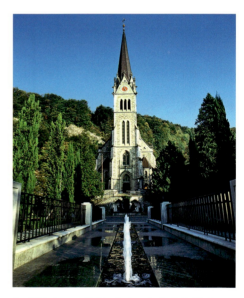

Ansicht der zur Kathedrale erhobenen Pfarrkirche von Vaduz.

Die Pfarrkirche in Ruggell symbolisiert den Glauben der Bevölkerung an den Schutz Gottes vor den Naturgewalten.

Das Pflanzenschutzgebiet im Ruggeller Riet mit seiner unvergleichlichen Flora und den leuchtenden Lilienfeldern ist ein Naturparadies, das weit über die Landesgrenzen hinaus bekannt ist.

Stimmungen – Zauber der Winterlandschaften im Rheintal

Winter in Liechtenstein ist für Einheimische und für viele Besucher gleichbedeutend mit herrlichem Wintersport und Naturerlebnissen im Alpengebiet Steg-Malbun. Die besonnten Höhenlagen bieten in der kalten Jahreszeit an manchen Tagen ein ganz besonderes Naturerlebnis, wenn sie den Blick auf das Nebelmeer im Tal freigeben. Die Kulturlandschaften der Rheinebene verwandeln sich in zauberhafte und scheinbar unberührte Winterlandschaften. Wenn der Schnee die Spuren menschlichen Wirkens zudeckt, ist die schönste Zeit für ausgedehnte Winterspaziergänge gekommen. Der Wintereinbruch kommt oft überraschend, für viele zu früh, für andere zu spät. Freude bereitet er vor allem den Kindern und Wintersportfreunden.

Der Winter in Liechtenstein hält auch im Talgebiet eindrückliche Naturphänomene bereit.

Sonnenaufgang in der winterlichen Rheinlandschaft.

Winterimpressionen von der Nordansicht des Schlosses, die vom mächtigen Bergfried und vom Nordrondell dominiert wird.

Die verschneiten Schweizer Berge spiegeln sich im Gampriner Seelein, einem naturbelassenen Biotop zwischen den Gemeinden Gamprin und Ruggell.

Die landschaftliche Schönheit des Ruggeller Riets verbindet sich mit dem in der Abendsonne erstrahlenden Panorama der Bergkette in der benachbarten Schweiz.

Werdenberg – Nachbar mit Vergangenheit

Das nahe gelegene Schloss und Städtchen Werdenberg zeugen von einer reichen kulturhistorischen Vergangenheit. Über dem sehenswerten Städtchen, der ältesten Holzbausiedlung der Schweiz, liegt das Schloss, das nur über einen Fussweg erreichbar ist. Der ehemalige Stammsitz der Grafen von Werdenberg beherbergt heute ein Wohnmuseum mit gut erhaltenen, im Biedermeierstil eingerichteten Wohnräumen, eine Waffensammlung sowie eine Ausstellung zur St. Galler Kantonsgeschichte. Vom Schlossturm aus eröffnet sich ein herrlicher Rundblick auf das Rheintal. In den Gassen des historischen Städtchens flanieren viele Besucher und erfreuen sich an den herrlich erhaltenen Baudenkmälern, die den Betrachter in eine vergangene Zeit zurückversetzen. Publikumsmagnete sind auch Kulturanlässe wie die Schlossfestspiele und das Regionalmuseum im Schlangenhaus.

Holz- und Steinfassaden bilden enge Gassen.

Die historischen Häusergruppen sind reich an dekorativen Elementen und malerischen Winkeln.

Das Buchser Seelein mit dem Städtchen Werdenberg und dem gleichnamigen Schloss ziehen die Besucher in ihren Bann.

Feldkirch – Atmosphäre einer faszinierenden mittelalterlichen Stadt

Die romantische Altstadt von Feldkirch mit ihren vielen Lauben hat Charme und Ambiance.

Die Stadt Feldkirch im benachbarten Vorarlberg wird 1218 erstmals urkundlich erwähnt. Viele Baudenkmäler in der romantischen Altstadt, Jahrhunderte alte Türme und Bürgerhäuser, zeugen von vergangenen Epochen. Die Schattenburg, das Wahrzeichen der mittelalterlichen Stadt Feldkirch, wurde im 12. Jahrhundert erbaut. Sie diente Hugo I. von Montfort zur Sicherung von Stadt und Verkehr über die Pässe nach Süden und Osten. Die verborgenen Winkel in der attraktiven Fussgängerzone mit idyllischen Lauben machen die Montfortstadt zu einem beliebten Ausflugsziel. Die belebten Gassen und Plätze der Innenstadt sind Schauplatz vieler Veranstaltungen. Hier werden jede Woche die Bauernmärkte abgehalten.

Im gut erhaltenen mittelalterlichen Stadtkern befinden sich die Geschäfte und der Marktplatz der Einkaufsstadt Feldkirch.

Der Wildpark auf dem Ardetzenberg gibt Einblick in das Leben der Wildtiere.

Die mächtige Burganlage mit dem einzigartigen Innenhof bildet das stimmungsvolle Ambiente der gemütlichen Schlosswirtschaft.

Maienfeld – idyllisches Städtchen in der Bündner Herrschaft

Maienfeld, der sehenswerte Hauptort der Bündner Herrschaft mit den historischen Bauten, ist von Rebbergen umgeben.

Der Weinbau hat eine lange Tradition.

Anbaugebiet des Maienfelder Beerliweins oberhalb von Fläsch.

Maienfeld gehört zusammen mit den Gemeinden Fläsch, Jenins und Malans zur Bündner Herrschaft, die im Süden an Liechtenstein grenzt. Die benachbarten Gebiete waren einst unter den Freiherren von Brandis miteinander vereint. Das malerische Städtchen Maienfeld ist ein beliebtes Ausflugsziel. Die gut erhaltenen historischen Bauten inmitten der Weinberge lohnen einen Besuch. Maienfeld ist bekannt für seinen ausgezeichneten Beerliwein und als Austragungsort der Internationalen Pferdesporttage.

Weltruhm hat der Liechtensteiner Nachbar aber als Handlungsort der weltbekannten Heidigeschichte von Johanna Spyri erlangt. Im Jahre 1388 wird eine Zollschranke erwähnt, die darauf hindeutet, dass in Maienfeld ein Zoll eingezogen wurde für die Benützung der alten Römerstrasse, die von Chur über Liechtenstein nach Norden führte. Ursprünglich gehörte die Burg Maienfeld, das heutige Schloss Brandis, den Grafen von Bregenz. Das Schloss kam 1438 durch Erbschaft an die Freiherren von Brandis.

Der für seine Thermalquellen bekannte Kurort Bad Ragaz.

Der bekannte Heidibrunnen erinnert an die weltberühmte Geschichte von Johanna Spyri.

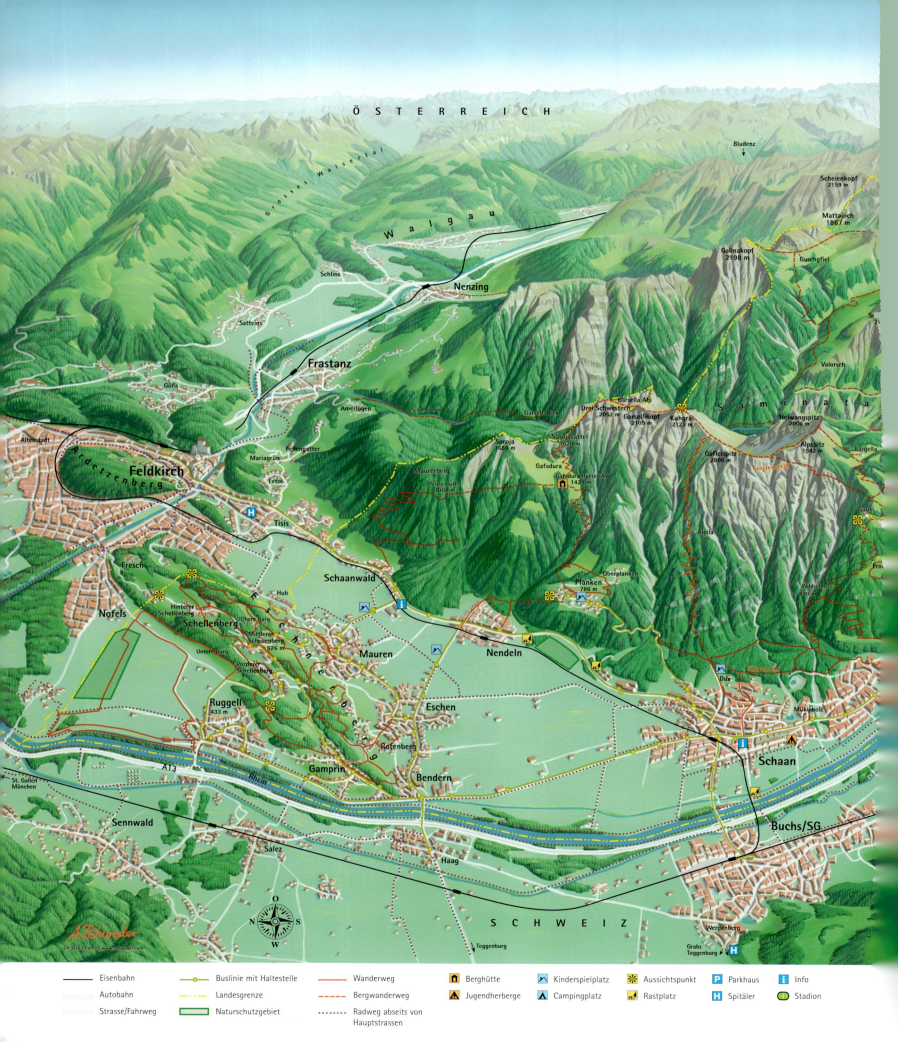

Abdruck mit freundlicher Genehmigung der Raiffeisen Bank (Liechtenstein) AG

Quellenverzeichnis

Edmund Banzer, Georg Burgmeier, Norbert Bürzle, Luzius Malin. Fürst und Volk – Eine liechtensteinische Staatskunde. Schulamt des Fürstentums Liechtenstein (Hrsg.) 1993.

Hubert Büchel, Egon Gstöhl, Felix Näscher, Julius Ospelt. Fürstentum Liechtenstein. BuchsDruck und Verlag 1986.

Fürstenhaus Liechtenstein. Internetportal www.fuerstenhaus.li (2005).

Adulf Peter Goop, Günther Meier, Daniel Quaderer. Brauchtum Liechtenstein – Alte Bräuche und neue Sitten. Alpenland Verlag (Hrsg.) 2004.

Volker Press. Das Haus Liechtenstein in der europäischen Geschichte. In: Liechtenstein – Fürstliches Haus und staatliche Ordnung. V. Press / D. Willoweit (Hrsg.). Verlag der Liechtensteinischen Akademischen Gesellschaft 1987.

Rupert Quaderer. Die Entwicklung der liechtensteinischen Volksrechte seit 1818 bis zum Revolutionsjahr 1848. In: Liechtensteinische Politische Schriften Nr. 8. Verlag der Liechtensteinischen Akademischen Gesellschaft 1981.

Regierung des Fürstentums Liechtenstein. Landtag, Regierung und Gerichte 2004. Regierung des Fürstentums Liechtenstein (Hrsg.) 2005.

Regierung und Landesverwaltung. Internetportale www.llv.li und www.liechtenstein.li (2005).

Regierungssekretariat, Rechtsdienst der Regierung, Amt für auswärtige Angelegenheiten, Presse- und Informationsamt, Steuerverwaltung. Fürstentum Liechtenstein – Eine Dokumentation. Staat, Monarchie, Politik. Presse- und Informationsamt (Hrsg.) 2003.

Otto Seger. Lachendes Liechtenstein. Selbstverlag 1982.

Otto Seger. Überblick über die liechtensteinische Geschichte. Presse- und Informationsamt der Regierung (Hrsg.) 1984.

Paul Vogt. 125 Jahre Landtag. Landtag des Fürstentums Liechtenstein (Hrsg.) 1987.

Paul Vogt. Brücken zur Vergangenheit. Schulamt des Fürstentums Liechtenstein 1990.

Herbert Wille. Die Verfassung von 1921: Parteien und Kirche. In: Das Fürstentum Liechtenstein. Veröffentlichung des Alemannischen Instituts Freiburg i. Br. Nr. 50. Wolfgang Müller (Hrsg.) 1981.

Daten zur Geschichte Liechtensteins

100 000–15 000 v. Chr. Letzte Eiszeit. Die Gletscher (Rheingletscher) formen die Täler.

10 000 v. Chr. Grosser Bergsturz im Gebiet Triesenberg-Triesen.

Seit 4000 v. Chr. Jungsteinzeit. Erste Siedler auf dem Eschnerberg (Lutzengütle) und auf Gutenberg nachgewiesen. Urbevölkerung sind Räter, feststellbar sind auch keltische Einflüsse.

15 v. Chr. Rätien wird römische Provinz. Strassenbau durch das Rheintal.

Seit 6./7. Jh. Eindringen der Alemannen. Nebeneinander von Rätoromanen und Alemannen.

768–1806 Zugehörigkeit zum Heiligen Römischen Reich Deutscher Nation.

1342 Bei einer Teilung der Grafschaft Sargans entsteht die Grafschaft Vaduz, deren Besitzer auch einen Teil des Eschnerbergs erhalten.

1416 Grafschaft Vaduz kommt unter die Herrschaft der Freiherren von Brandis.

1434 Freiherren von Brandis kaufen den restlichen Teil des Eschnerbergs. Gebiet des heutigen Fürstentums erstmals vereint.

1699 Fürst Johann Adam Andreas von Liechtenstein erwirbt die Herrschaft Schellenberg für 115 000 Gulden.

1712 Johann Adam erwirbt Grafschaft Vaduz für 290 000 Gulden.

1719 Erhebung der Grafschaft Vaduz und der Herrschaft Schellenberg zum Reichsfürstentum Liechtenstein.

1806 Liechtenstein wird als souveräner Staat in den Rheinbund aufgenommen.

1815 Liechtenstein wird souveränes Mitglied des Deutschen Bundes.

1818 Absolutistische Verfassung. Ständelandtag als Vorform eines parlamentarischen Systems.

1848 Revolutionsjahr. Volk verlangt mehr Rechte und Freiheiten.

1852 Zollvertrag mit Österreich.

1862 Konstitutionelle Verfassung. Aufwertung des Landtags. Garantie verschiedener Freiheitsrechte.

1866 Auflösung des Deutschen Bundes. Letzter Einsatz des liechtensteinischen Militärkontingents am Stilfserjoch.

1868 Auflösung des liechtensteinischen Militärs.

1914–1918 Erster Weltkrieg. Liechtenstein bleibt neutral, erleidet Hungersnöte und hohe Arbeitslosigkeit, wird finanziell und wirtschaftlich ruiniert.

1918 «Liechtenstein den Liechtensteinern» - Bewegung. Entstehung der «Volkspartei» (seit 1936 «Vaterländische Union») und der «Fortschrittlichen Bürgerpartei».

1920 Postvertrag mit der Schweiz.

1921 Konstitutionelle Verfassung auf demokratischer und parlamentarischer Grundlage. Entstehung eines Volksfürstentums.

1923 Zollvertrag mit der Schweiz. Schweizer Franken wird gesetzliche Währung.

1938 Fürst Franz Josef II. nimmt als erster Fürst dauernden Wohnsitz auf Schloss Vaduz.

1939–1945 Zweiter Weltkrieg. Liechtenstein wird nicht direkt in die kriegerischen Auseinandersetzungen einbezogen. Lebensmittelrationierung und Kriegswirtschaft. Nach dem Krieg grosser Flüchtlingsandrang.

1950 Mitgliedschaft beim Internationalen Gerichtshof in Den Haag.

Seit 1952 Ausbau des Sozialstaats. Alters- und Hinterlassenenversicherung (1952), Familienzulagen (1957), Invalidenversicherung (1959), Sozialhilfe (1965), Arbeitslosenversicherung (1969), Verbesserungen der Unfall- und Krankenversicherung.

1960 Beteiligung an der Europäischen Freihandelszone (EFTA), seit 1991 Vollmitglied.

1972 Vereinbarung mit der Europäischen Wirtschaftsgemeinschaft (EG).

1975 Beitritt zur Organisation über Sicherheit und Zusammenarbeit in Europa (OSZE).

1978 Beitritt zum Europarat.

1990 Beitritt zur Organisation der Vereinten Nationen (UNO).

1995 Beitritt zum Abkommen über den Europäischen Wirtschaftsraum (EWR).
Beitritt zur Welthandelsorganisation (WTO).

2003 Inkrafttreten der neuen Verfassung mit verschiedenen Änderungen im dualistischen Zusammenwirken von Monarchie und Demokratie.

www.liechtenstein.li

Stabsstelle für Kommunikation und Öffentlichkeitsarbeit
Regierungsgebäude
FL-9490 Vaduz
Tel. +423 776 61 80
office@liechtenstein.li

www.tourismus.li

Liechtenstein Tourismus
Städtle 37
Postfach 139
FL-9490 Vaduz
Tel. +423 239 63 00
Fax +423 239 63 01
info@tourismus.li